D1747360

Hexen Drachen Zauber- tränke

Copyright © 2024
Miriam Sander
Alle Rechte vorbehalten.
ISBN: 978-3-910382-37-4

Inhalt

Das Treffen der Magischen 14	5
Drachen gibt es wirklich	15
Der verborgene Schatz im Zwergenwald	28
Die Regenbogenrutsche	43
Das Wettkochen der Zaubertränke	56
Das versteckte Einhorn	70
Der kleine Gnom Goonie und die verschwundene Keule	86
Die verschwundene Muschel	99
Haftungsausschluss	112
Impressum	113

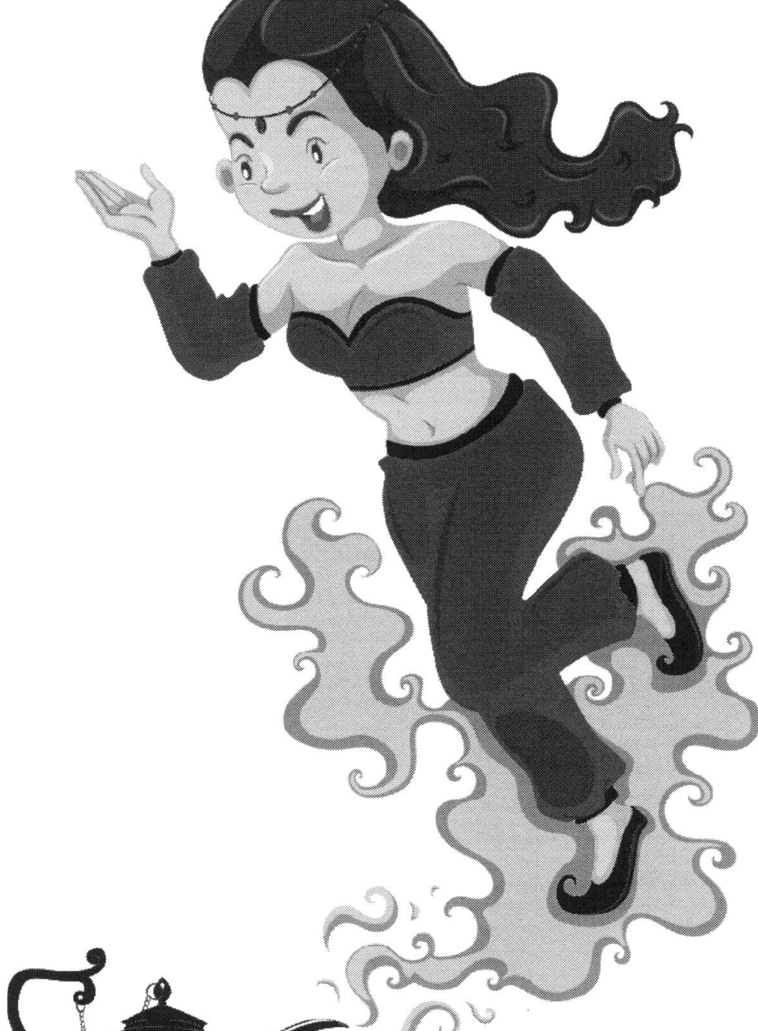

Das Treffen der Magischen 14

Wie jedes Jahr findet auch in diesem Jahr am 14.01. das große Treffen der Magischen 14 statt. Ihr wollt wissen, wer die Magischen 14 sind? Das sind die gesamten Flaschengeister dieser Welt.

Das Treffen in diesem Jahr findet bei Gin Fredo in einer Oase im Orient statt. Dort ist es schön warm und sonnig. Im letzten Jahr haben sich die Flaschengeister bei Mulani auf der Bergspitze des Himalayas getroffen – brrr das war vielleicht kalt.

Auch für das diesjährige Treffen gibt es eine Liste mit den Themen, die besprochen werden müssen. Dazu gehören zum Beispiel neue Gesetze, die in der Welt der Flaschengeister jetzt gelten, die Kleiderordnung während der Arbeit und einiges mehr.

Der beste Punkt kommt aber immer zuletzt und auf diesen freuen sich alle Flaschengeister ganz besonders. Es ist der Punkt „Lasst uns lachen". Hier erzählen sich die Geister von ihren Erfahrungen, die sie mit ihren Besitzern und deren Wünschen im letzten Jahr gemacht haben. Da kommen die verrücktesten und lustigsten Wünsche ans Tageslicht, die die Flaschengeister ihren Besitzern erfüllen mussten.

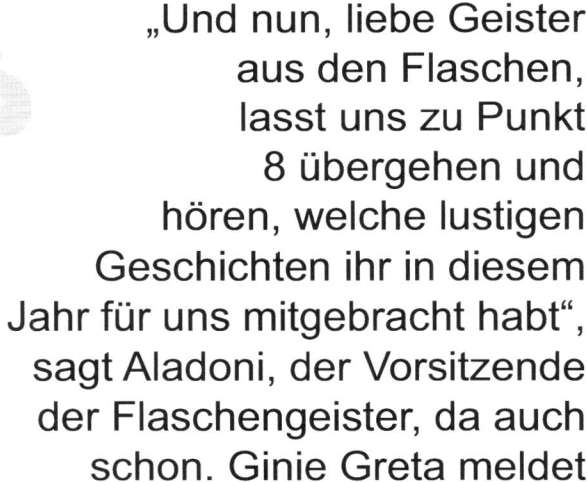

„Und nun, liebe Geister aus den Flaschen, lasst uns zu Punkt 8 übergehen und hören, welche lustigen Geschichten ihr in diesem Jahr für uns mitgebracht habt", sagt Aladoni, der Vorsitzende der Flaschengeister, da auch schon. Ginie Greta meldet sich ganz eifrig, denn sie will unbedingt ihre Geschichte von ihrem Besitzer als Erstes allen zu diesem Treffen erzählen.

„Na gut, Greta, dann fang du mal an. Was gab´s bei dir im letzten Jahr?" fragt Aladoni.

„Ihr werdet nicht glauben, welchen verrückten Wunsch ich meinem Besitzer Tom erfüllen musste. Seit ewigen Zeiten hat er Streit mit seiner Nachbarin. Letztens hat sie sogar Hundekacke von ihrem Vierbeiner über den Zaun zu Tom in den Garten geworfen. Und der ist natürlich, ohne es zu wissen, hineingetreten und hat dann alles im Haus verteilt. Das hat vielleicht gestunken, kann ich euch sagen." Die Flaschengeister rümpfen alle die Nase. „Ihgitt, das muss ja eklig gewesen sein. Ich wäre vor Zorn in die Luft gegangen" sagt Ginie Liliana.

„O ja. Tom war so sauer, dass ich der ollen Nachbarin lila Punkte ins Gesicht zaubern musste. Was habe ich gelacht. Bis heute läuft sie mit den Punkten im Gesicht rum. Aber bei Tom lässt sie sich nicht mehr blicken."

Die Vorstellung, wie eine ältere Dame den Rest ihres Lebens mit lila Punkten herumlaufen muss, ist wirklich lustig und die Flaschengeister amüsieren sich bestens über diese verrückte Geschichte.

„Hey, Leute", ruft Gin Fredo. „Diese Geschichte kann ich noch toppen. Passt auf, was ich machen musste. Ihr wisst ja, die kleine Tina hat mich damals im Urlaub in Ägypten aus dem Sand ausgegraben. Also muss ich seitdem all ihre Wünsche erfüllen. So ein kleines Mädchen hat allerlei verrückte Dinge im Kopf. Aber den verrücktesten Wunsch musste ich ihr erfüllen, als sie in der Schule bei einer Mathematikarbeit eine schlechte Note zurückbekam. Sie war so wütend, dass ich den Mathelehrer in den nächsten Stunden immer pupsen lassen musste."

Die Flaschengeister im Raum brechen in schallendes Gelächter aus. Auch Gin Fredo muss immer wieder lachen, wenn er daran denkt, wie Herr Schimmer während des Unterrichts immer wieder pupsen musste und es ihm so peinlich war, dass er schließlich den Raum verließ.

„Eine wirklich lustige und … na ja … stinkige Geschichte", meint Gin Sumatra und alle fangen wieder an zu kichern. Aber die beste Geschichte kommt noch.

„Hört gut zu, was bei mir passiert ist", sagt Ginie Pirulo. „Meine Besitzerin ist Frieda. Sie ist eine alte Dame, die schlecht hört und sieht und allein lebt. Darum ist sie oft sehr einsam. An einem Abend war Frieda wieder mal vorm Fernseher im Sessel eingeschlafen und hat geschnarcht. Plötzlich kam ein Stein gegen die Fensterscheibe geflogen und die Scheibe zerbrach. Aber die alte Frieda hat nichts davon mitbekommen, denn sie hört ja fast nichts mehr. Als ein Einbrecher durch das Fenster hineinkam und die arme alte Dame ausrauben wollte, musste ich mir was einfallen lassen – auch ohne Wunsch. Darum habe ich etwas vom Wunschpulver zu mir genommen, damit ich im Notfall einen Wunsch herbeizaubern konnte. Und wenn das kein Notfall war, was dann?", erzählt Pirulo.

„Ja, das stimmt. In so einem Fall darf das Wunschpulver verwendet werden", bestätigt Aladoni. „Aber sag doch, wie ging es dann weiter?", wollen die anderen Flaschengeister wissen.

„Passt auf. Ich habe Frieda mit dem Wunschpulver eine riesengroße, lange Nase ins Gesicht gezaubert und habe sie noch dazu so laut schnarchen lassen, dass alle Gläser aus den Schränken gefallen sind. Ihr hättet mal sehen sollen, wie schnell der Einbrecher davongelaufen ist. Und wie lustig die alte Dame aussah, muss ich euch ja nicht erklären", sagt Pirulo kichernd.

Auch die anderen Flaschengeister kichern vor sich hin. „Aber du hast natürlich richtig gehandelt und die arme alte Dame vor dem Schlimmsten bewahrt", sagt Aladoni.

„Gab es denn auch einen Wunsch, der nicht erfüllt werden konnte?", will Aladoni wissen. Nur ein Flaschengeist hebt die Hand. „Ja. Leider!", sagt Gin Willibald. „Mein Besitzer lebt im heißen Australien, weit draußen auf dem Land. Er hat ein Feld, das er bewirtschaftet, ein paar Kühe, Ziegen und Schafe. Auf dem Feld baut er meistens Getreide oder Kartoffeln an, wovon er sich das Jahr über ernährt. Fleisch und Milch bekommt er von seinen Tieren. Er hat kaum Geld und auch kein Auto, er kann also nicht in die weit entfernte Stadt fahren, um alle seine Sachen einzukaufen. Nun war der letzte Sommer so heiß, dass es viele Waldbrände gab. Dabei ist der Stall für die Tiere und sein Feld abgebrannt. Die Tiere waren zum Glück auf der Weide, ihnen ist nichts geschehen. Aber mein Besitzer hat kaum etwas zu essen und es geht ihm sehr schlecht", erzählt Willibald traurig.

„Oje, das ist wirklich traurig", findet auch Aladoni. „Ja. Sein größter Wunsch ist es seitdem, dass ich ihm sein Feld und seine Scheune zurückgebe, damit er wieder genug zu essen hat. Aber dieser Wunsch ist so groß, dass dafür meine Kräfte nicht ausreichen. Ich bin auch nicht mehr der Jüngste", erzählt Willibald traurig.

Aladoni überlegt. „Wie wäre es, liebe Flaschengeister, wenn wir den diesjährigen Spendenwunsch an den Besitzer von Gin Willibald überbringen?", fragt Aladoni in die Runde. Der Spendenwunsch ist jedes Jahr ein Wunsch, der nicht erfüllt werden konnte, den aber alle gemeinsam mit der Leuchtkraft der Flaschengeister erfüllen können.

Die Flaschengeister beraten sich untereinander. Einstimmig beschließen sie, den Wunsch des Besitzers von Willibald zu erfüllen. Gemeinsam reisen sie in ihren Flaschen ins heiße Hinterland von Australien.

Schon von Weitem sehen die Flaschengeister das schwarze, abgebrannte Feld und die Überreste der abgebrannten Scheune.

Als sie direkt über dem Feld von Gin Willibalds Besitzer sind, kommen die Geister aus ihren Flaschen heraus und fassen sich in einem Kreis an den Händen. Die Kraft der Flaschengeister zieht von der einen Hand durch die nächste und wird dabei immer stärker und mächtiger.

Die Kraft ist so stark, dass alles um die Flaschengeister herum zu leuchten beginnt. Und nach einigen Minuten ist es vollbracht.

Unter ihnen ist ein grünes Feld, dicht bewachsen mit dem saftigsten Getreide und den schönsten Kartoffeln. Auch die Scheune ist neu errichtet aus dem besten und stärksten Holz.

Als der Besitzer von Willibald an diesem Abend aus dem Haus kommt, ist er fassungslos. „Ich glaube, ich träume", staunt er und steht mit offenem Mund vor der neuen Scheune.

„Nein, du träumst nicht", antwortet Aldoni. „Gin Willibald hat uns von dem Brand erzählt. Wir haben dir mit unserer gemeinsamen

Leuchtkraft deinen Wunsch erfüllt. Jetzt hast du immer genug zu Essen."

Erst jetzt sieht der Besitzer von Willibald die 14 Flaschengeister über seinem Feld schweben. „Ich danke euch von ganzem Herzen", sagt er und vor Freude laufen ihm ein paar Tränen übers Gesicht.

Als die Arbeit erledigt ist und der Mann sein Farmleben weiterführen kann, machen sich die Magischen 14 wieder auf den Weg zurück zum Treffen in den Orient, denn der schönste Teil kommt jetzt erst: die gemeinsame Zeit.

Und während die Flaschengeister gemütlich in ihrer Runde zusammensitzen und sich weiter ihre Geschichten erzählen, wird es langsam Abend im Orient.

Die heiße Sonne versinkt hinter dem endlosen Sand und schon bald leuchten Tausende von glänzenden Sternen am klaren Himmel in der magischen Welt von 1001 Nacht.

Drachen gibt es wirklich

Ja, ihr lest ganz richtig. Drachen gibt es wirklich. Aber nicht so, wie ihr jetzt vielleicht denkt. Wenn ihr glaubt, Drachen leben in magischen Wäldern bei Feen und Elfen, dann täuscht ihr euch. Sie leben hier, direkt unter uns. Vielleicht wohnt einer sogar bei dir im Kinderzimmer? Schau doch mal genau nach.

Sie verstecken sich oft in Dingen, wie zum Beispiel in einer Drachenspielfigur, die dann in der Nacht leise zum Leben erwacht. Meistens sind sie jedoch unsichtbar, denn sie wollen nicht gesehen werden. Daher bekommt man die kleinen Drachen so gut wie nie zu Gesicht.

Aber keine Angst: Die Drachen sind nicht böse. Im Gegenteil, es sind liebe, knuddelige Wesen, die keiner Fliege etwas zuleide tun könnten. Und wisst ihr, was ihr Lieblingsessen ist? Schokolade! Wenn du also öfter schon mal deine Schokolade gesucht hast, die plötzlich verschwunden ist, dann kannst du jetzt vielleicht ahnen, wer sie heimlich genommen haben könnte.

Es gibt nun einen kleinen Jungen namens Tobi. Der hat es geschafft, einen Drachen zu sehen, denn er wurde eines nachts mit einem Bonbon beworfen, das direkt auf seiner Nase landete.

Davon wachte er auf. Und als der kleine Junge die Augen erschrocken öffnete, entdeckte er Titus. Der kleine blaue Drache steckte fast zur Hälfte in Tobis Schreibtischschublade, in der er immer seine Süßigkeiten aufbewahrte.

Er warf alles hinaus, was er nicht mochte, um an die Schokolade ganz unten in der Schublade zu kommen. Erschrocken entfuhr Tobi ein kurzer Schrei. Da schreckte Titus aus der Schublade hoch, schlug sich beinahe den Flügel am Holz auf, und beide sahen sich verdutzt an. Damit hatte Drache Titus wohl nicht gerechnet.

Wie es weiterging, wollt ihr wissen? Dann passt auf!

„Warum bewirfst du mich mitten in der Nacht mit Bonbons? Und überhaupt, was machst du da in meiner Schreibtischschublade?", fragte Tobi verschlafen den kleinen Drachen.

„Ähm…." Titus überlegte kurz. Eigentlich sollte er jetzt schnell davonlaufen, denn Drachen wollen, sollen und dürfen ja nicht gesehen werden. Aber wenn er weglief, käme er nicht mehr an die Schokolade. Was für ein Riesen Drachen-Dilemma! Der kleine Junge im Bett sah recht harmlos und nett aus.

„Ach was solls", sagt Titus zu sich selbst. Und dann fing er an zu plappern, wie es eben seine Art ist. Er erzählte Tobi von seinem nächtlichen Hunger und davon, dass er immer heimlich an Tobis Schublade ging, weil er wusste, dass dort immer was Leckeres drin ist.

Aber heute lagen jede Menge Bonbons in der Schublade, die die Schokolade verdeckten. Und um an die Schokolade zu kommen, warf Titus ein Bonbon nach dem anderen hinaus. Und so kam es, dass Tobi in der Nacht damit beschossen wurde.

Tobi fand das sehr lustig und die beiden schlossen schnell Freundschaft. „Ab jetzt lege ich die Schokolade weiter nach oben", versprach Tobi seinem neuen Drachenfreund Titus und seitdem treffen sich die beiden jede Nacht, naschen heimlich Schokolade und unterhalten sich. Was Tobi allerdings nicht weiß: Titus ist nicht der einzige Drache, der in seinem Kinderzimmer lebt.

Tatsächlich leben da noch fünf andere Drachenfreunde von Titus: Der kleine grüne Drache Jerry, der immer etwas tollpatschig ist, der kleine lila Drache Carlos, der immer ganz lustig kichert, der kleine dunkelblaue Drache Günni, der etwas verwirrt ist, und der kleine rote Feuerdrache Kasimir, der, wie es sein Name schon sagt, Feuer speien kann.

Als Tobi und Titus eines nachts wieder zusammensitzen, hört Tobi plötzlich leises Geflüster aus seiner Spielzeugkiste unter dem Schrank. Er erschrickt kurz.

„Keine Angst, Tobi, das sind nur meine Drachenfreunde."

„Drachenfreunde? Sind hier noch mehr außer dir?", fragt Tobi erstaunt. „Ja, wir sind zu sechst.

Die anderen fünf haben sich aber noch nicht herausgetraut", erklärt Titus, während er sich den Mund mit Schokolade vollstopft.
„Warum trauen sie sich denn nicht raus?", will Tobi wissen. „Na ja, es wird immer erzählt, ihr Menschen wärt so furchteinflößende und böse Wesen, die uns fangen und einsperren. Darum verstecken wir uns vor euch und bisher hat noch kein anderer Mensch einen von uns gesehen. Du bist der Erste und Einzige", sagt Titus.

Nach und nach strecken auch die anderen fünf kleinen Drachen ihre Köpfe aus der Spielzeugkiste.

Sie sind neugierig und wollen den kleinen Jungen, von dem Titus immer erzählt, auch gerne kennenlernen.

„Ihr könnt ruhig zu uns kommen", sagt

Tobi in Richtung der Spielzeugkiste. Das lassen sich die kleinen Drachen nicht zweimal sagen. Kinder scheinen doch nicht so angsteinflößend zu sein, wie sie immer dachten.

Quirlig springen sie aus der Kiste und hüpfen zu Titus und Tobi aufs Bett. Der kleine grüne Drache Jerry, der immer etwas tollpatschig ist, bleibt auch jetzt mit seinem Fuß an der Kiste hängen und verfängt sich in einem Seil.

Nun hängt er kopfüber außen an der Spielzeugkiste und alle lachen.

„Lacht doch nicht, helft mir lieber", schimpft Jerry. Tobi steht auf, befreit den kleinen Drachen aus dem Seil und setzt ihn neben sich aufs Bett.

„Warum sitzt ihr denn hier im Dunkeln?", fragt Kasimir, der Feuerdrache. Mit einem Satz springt er auf die Fensterbank und zündet mit einem lauten Zischen die Kerze an, die dort steht.

„Wow", staunt Tobi und ist ganz begeistert. Dann kramt Titus in seiner Tasche am Bauch und holt eine Art Pulver in einer kleinen Flasche heraus. „Bist du wirklich sicher, Titus?", fragt

Günni etwas skeptisch, der schon ahnt, was er vorhat.

„Ja, Günni. Ganz sicher", antwortet Titus entschlossen.

„Was ist das?", will Tobi neugierig wissen.

„Das, Tobi, ist ein ganz besonderes Drachenzauberpulver. Mit diesem Pulver können wir durch Fenster und Wände gehen. Wenn wir nun dich mit dem Pulver bestreuen, kannst du das auch. Aber es passiert noch etwas. Du wirst ganz klein, wie wir, und kannst fliegen.

Hast du Lust, mit uns ein paar Abenteuer zu erleben?", fragt Titus.

Tobi kann es gar nicht glauben. „Jaaaaaa!", ruft er laut, sodass ihn die kleinen Drachen etwas zurückhalten müssen. Nicht, dass ihn noch jemand hört oder seine Eltern aufwachen. Titus öffnet die Flasche und schüttet sich ein kleinwenig Pulver auf die Hand.

Dann hält er sie auf Tobi gerichtet und pustet kräftig hinein. Das Pulver glitzert im Kerzenlicht und Tobi wird von oben bis unten damit bestreut. Als das Pulver langsam verschwindet, ist auch Tobi verschwunden. Aber halt, nein. Er ist nicht ganz verschwunden, er ist nur sehr klein. So klein wie die Drachen. Und auf dem Rücken hat er tatsächlich kleine Flügel.

Mit einem kräftigen Flügelschlag fliegt er durchs Zimmer. Das würde ihm niemals jemand glauben. „Kommt, lasst uns in die Nacht hinausfliegen", sagt Titus. Dann fliegen die sechs Drachen auch schon durchs geschlossene Fenster. Nur Tobi traut sich nicht. Das kann doch nicht funktionieren, einfach so durch eine Fensterscheibe zu fliegen?, fürchtet er.

„Komm schon!", rufen die anderen von draußen. Tobi nimmt Anlauf, kneift die Augen zu und fliegt los, direkt auf das geschlossene Fenster zu. Als er die Augen öffnet, ist er draußen. Unglaublich. Es hat tatsächlich funktioniert!

Tobi und die sechs Drachenfreunde fliegen in einen Wald. Diesen Wald hat Tobi noch nie zuvor gesehen, wundert er sich. Und als sie näher kommen, sieht Tobi überall im Wald kleine Lichter.

„Was ist das für ein Wald? Wo sind wir hier?", will Tobi wissen.

„Warte es ab", antwortet Titus frech grinsend.

Die Freunde landen auf einem Baumhaus im Wald. Aus dem Baumhaus kommt Musik und die Lichter, die Tobi zuvor von oben gesehen hat, sind lauter kleine Laternen, die in den Bäumen hängen. Als Tobi mit den anderen das Baumhaus betritt, staunt er nicht schlecht. Hier scheint eine Drachenparty stattzufinden, denn es wimmelt nur so von kleinen, bunten Drachen.

Sie mischen sich unter die anderen, trinken Drachensaft, essen Süßigkeiten und haben jede Menge Spaß. Es gibt sogar einen Schokoladenbrunnen und Früchte am Spieß, die man unter die Schokolade halten kann. Darüber freut sich vor allem der kleine Drache Titus. Er setzt sich direkt unter die Fontäne und lässt sich mit Schokolade berieseln.

Als es spät in der Nacht ist, fliegen die Drachenfreunde und Tobi wieder zurück. Doch kurz vor Tobis Haus scheint mit dem Jungen etwas nicht zu stimmen. Er kann sich nicht mehr in der Luft halten und stürzt zu Boden.

Zum Glück steht vor Tobis Haus ein großer, alter Kastanienbaum. Dort bleibt Tobi hängen. Unverletzt finden die sechs Drachen ihn an einem Ast hängend. Tobis Flügel sind verschwunden, deshalb ist er abgestürzt.

„Mist, das Zauberpulver verliert seine Wirkung", sagt Titus ernst. „Wir müssen uns beeilen und ihn zurückbringen, solange er noch klein ist. Wie soll er sonst nach Hause kommen mitten in der Nacht? Klingeln und sagen: ›Hallo Mama, hier bin ich‹? Keine gute Idee."

Die Drachen befreien Tobi aus den Ästen und von den Blättern, die an ihm hängen. Dann nimmt Titus ihn auf seinen Rücken. „Halte dich gut fest, Tobi. Wir müssen uns beeilen." Kaum hat er den Satz ausgesprochen, hebt er mit Tobi auf dem Rücken ab. In Windeseile fliegen sie zum Haus, direkt auf das geschlossene Fenster seines Kinderzimmers zu.

„Ahhhhhhhhhhhh", schreit Tobi. Was, wenn das Zauberpulver nicht nur die Flügel hat verschwinden lassen, sondern auch Tobi nicht mehr durch Wände und Fenster gehen kann? Aber es bleibt keine Zeit zum Überlegen und Angsthaben, denn Titus steuert direkt aufs Fenster zu.

Tobi verdeckt seine Augen mit den Händen, doch noch bevor er etwas sagen kann, sind sie durch die Scheibe hindurch und landen auf dem harten Zimmerboden. In diesem Moment verliert das Zauberpulver seine ganze Wirkung und Tobi wird groß. Mit einem lauten Knall stößt er gegen die Zimmertür. Das war knapp.

Von dem lauten Geschepper sind auch Tobis Eltern aufgewacht. Als im Flur das Licht angeht und Schritte zu hören sind, verschwinden Titus, Günni, Kasimir, Carlos und Jerry schnell in der Spielzeugkiste unterm Schrank.

Dann geht die Tür auf. Erschrocken blickt Tobis Mutter auf den Boden. „Tobi, geht's dir gut? Was ist passiert? Warum liegst du hier auf dem Boden?", fragt seine Mutter besorgt.

„Ähm … ja … also … ich hatte einen Alptraum und bin dabei aus dem Bett gefallen", sucht Tobi eine Ausrede.

„O mein armer kleiner Schatz. Komm, wir legen dich wieder ins Bett." Liebevoll deckt ihn seine Mutter zu. Tobi hat ein schlechtes Gewissen, dass er seine Mutter angelogen hat. Aber er konnte ihr beim besten Willen nicht die Wahrheit sagen.

Mit Drachen durch den Wald fliegen und eine Schokoladenparty zu feiern, klang nicht sehr glaubwürdig. Bestimmt würde sie meinen, er habe alles geträumt. Und zweitens wollte Tobi auch seine Drachenfreunde nicht verraten.

Müde von dem tollen Drachenfest und der abenteuerlichen Nacht schläft der Junge ein. Von nun an verbringt Tobi jede Nacht mit seinen Drachenfreunden und erlebt noch viele großartige Abenteuer.

Wenn ihr also mal einen Drachen bei euch im Zimmer entdeckt: Habt keine Angst. Sie tun euch nichts. Legt mal ein kleines Stück Schokolade in eurem Zimmer aus und seht, ob es am anderen Morgen noch da ist. Wenn nicht, wisst ihr ja, wo es hin ist.

Der verborgene Schatz im Zwergenwald

Im Zwergenwald geht es normalerweise immer sehr ruhig und beschaulich zu. Im Grunde sind die kleinen Zwerge sehr gemütliche, friedliche Zeitgenossen, die sich die Tage mit Müßiggang und viel Ruhe vertreiben. Aufregung und Hektik liegen ihnen fern, die mögen sie gar nicht.

Zumindest bis zum heutigen Tag. Denn als an diesem Tag ein Pirat an Gutis Zwergenhaustür klopft, sollte sich das mit einem Mal ändern. Hört selbst:

›Klopf, klopf‹, ertönt es an Gutis kleiner Haustür.

Nanu, wer kann das sein? Eigentlich wollte sich Guti gerade ein wenig auf seinem gemütlichen Sofa ausruhen und Besuch erwartete er auch keinen. Langsam schlurft er mit seinen etwas zu großen Zwergenschuhen zur Haustür.

Als er sie öffnet, traut er seinen Augen kaum. Vor ihm steht ein Pirat. Ja, ihr hört richtig, ein echter Pirat mit einer Schatzkarte in der Hand.

Wie kann das sein? Wie kommt ein Pirat hier in den Zwergenwald, der so weit weg vom Meer ist? Hier im Zwergenwald hat noch niemals jemand einen Piraten gesehen.

„Hallo Herr Zwerg", sagt der Pirat mit rauer Stimme. „Mein Name ist Käptn Rotbart."

Guti steht wie erstarrt und mit offenem Mund vor dem Piraten.

„Geht es Ihnen gut?", will der Pirat von Guti wissen, denn schließlich redet der Zwerg immer noch kein Wort.

Dann schüttelt sich Guti und bringt endlich ein Gestottere heraus: „Ähm, ja, also … Ich grüße Sie. Mein Name ist Guti. Kann ich irgendwas für Sie tun? Haben Sie sich verlaufen? Oder verirrt?", fragt Guti den Piraten.

„Nein. Ich bin hier, weil ich Ihre Hilfe brauche", antwortet Käptn Rotbart. „Hilfe? Von mir? Ich wüsste nicht, wie und bei was ich einem Piraten helfen könnte. Warum ich?", fragt Guti überrascht.

„Na ja, die anderen Zwerge haben mich zu Ihnen geschickt, weil Sie sich hier im Wald wohl am besten auskennen", antwortet der Pirat. Guti überlegt einen Moment: „Mhhh, ja, das stimmt. Ich bin hier der Waldhausmeister und damit für die Ordnung und Sauberkeit im Wald zuständig. Es gibt eigentlich keinen Winkel des Waldes, den ich nicht kenne", sagt er. „Oh, das ist toll. Dann sind Sie genau der Richtige für mich!", ruft Käptn Rotbart erleichtert.

Guti bittet den Piraten in sein Zwergenhaus und bei einer warmen Tasse Zwergentee erzählt Käptn Rotbart von einer unglaublichen Geschichte. Hier im Zwergenwald musste irgendwo ein Piratenschatz vergraben sein, den ein Vorfahre von Käptn Rotbart vor vielen Jahren versteckt haben soll. Aber allein schafft es der Pirat nicht, den Schatz zu finden, denn er kennt sich im Wald überhaupt nicht aus.

Schließlich ist er doch auf den Meeren zu Hause! Noch dazu gibt es eine ganz besondere Schwierigkeit: Der Schatz ist mit einem magischen Zauber belegt, sodass ihn mit bloßem Auge niemand sehen und finden kann.

Und jetzt fragt ihr euch bestimmt, warum Käptn Rotbart diesen Schatz unbedingt braucht. Auch das erzählt der Pirat dem kleinen Zwerg Guti. Ein anderer Pirat namens Käptn Graubart hat die Piratenprinzessin Lucynda auf eine weit entfernte einsame Insel mitten im Meer entführt. Und Lucynda ist Käptn Rotbarts große Liebe, also muss er sie retten.

Das geht aber nur mit einem Schiff. Sein altes Schiff hat Käptn Graubart versenkt und nun will Rotbart mit dem Gold aus dem Schatz seines Vorfahrens ein neues Schiff kaufen, sonst könnte er seine geliebte Lucynda womöglich nie wiedersehen.

Als Guti sieht, wie traurig Käptn Rotbart wird, während er von der Entführung und dem zerstörten Schiff erzählt, wird ihm klar, dass er dem Piraten helfen muss. Noch hat er aber überhaupt keine Idee, wie.

Da hilft nur eins: Mit einem lauten Ton aus seinem Zwergenhorn ruft er seine Zwergenfreunde zusammen.

Vielleicht hat von ihnen jemand eine gute Idee, wie man dem Piraten bei seiner Schatzsuche helfen könnte.

Als alle zusammengekommen sind, berichtet Guti von der Geschichte, die dem Piraten Käptn Rotbart widerfahren ist. Natürlich sind auch die anderen Zwerge alle sehr erstaunt über den Piraten hier im Zwergenwald, aber sie sind sich einig: Alle wollen Käptn Rotbart helfen!

Und als sie wild durcheinander über Ideen diskutieren, hat der Zwerg Schnubi einen genialen Einfall, an den bisher noch niemand gedacht hat: „Lasst uns doch eine Elfe finden. Die können alles Mögliche sehen, was sonst niemand sehen kann. Bestimmt können Sie sehen, wo der Schatz vergraben liegt", schlägt Schnubi vor. „Genial! Dass ich da nicht draufgekommen bin …", antwortet Guti. Auch die anderen Zwerge sind von der Idee überzeugt.

Guti und Schnubi machen sich im Wald auf die Suche nach einer Elfe. Aber ganz so einfach ist das nicht, denn die Elfen sind sehr flinke, kleine Wesen. Sie können blitzschnell verschwinden und sich überall verstecken. Schließlich entdecken sie eine Elfe, die gerade mit ihrem halben Körper kopfüber in einer Honigpflanze steckt, um an den Honig im Inneren zu kommen. Zu ihrem Pech sieht sie die beiden Zwerge nicht und Schwups, stülpt Schnubi ein Netz über sie.

Die kleine Elfe findet das Ganze alles andere als gut. Sie ist sehr erbost über Schnubi, hat er doch beim Einfangen ihr Kleid völlig zerknittert und ihre Haare total zerzaust. Und überhaupt: Was soll das? Eigentlich sind die Zwerge doch nicht böse! Warum also haben sie sie eingefangen?

Sie schimpft und zappelt im Netz umher und ist wirklich sehr sauer. „Ihr seid richtige Rüpel, wisst ihr das?", rügt sie die zwei lauthals. „Was wollt ihr von mir? Lasst mich sofort hier raus!"

„Aber wir brauche deine Hilfe", sagt Guti.

„Hilfe? So, wie ihr mich behandelt, wagt ihr es noch, mich um Hilfe zu bitten?", entrüstet sich die kleine Elfe weiter.

„Aber wie hätten wir sonst mit dir reden sollen?

Dazu mussten wir dich erst mal einfangen. Ihr Elfen seid so fürchterlich schnell! Tut uns sehr leid", erklärt Schnubi.

„Wie wäre es mit Sprechen? Höflich fragen wäre schön gewesen. Dann hätte ich auch so geholfen, ohne dieses blöde Netz, das mein Kleid und meine wunderschöne Frisur ruiniert."

„Tut uns sehr leid. Du hast recht. Das war dumm von uns", geben die zwei Zwerge beschämt zu. „Kannst du uns trotzdem helfen? Wir lassen dich auch sofort hier raus."

„Na, nun sagt halt schon. Wobei soll ich denn helfen?", fragt die Elfe immer noch etwas erbost.

Guti und Schnubi helfen der Elfe aus dem Netz und erzählen ihr die Geschichte von Käptn Rotbart und dem verborgenen Schatz im Zwergenwald.

„Ja, diesen Schatz kenne ich. Der liegt schon seit 87 Jahren dort", sagt die Elfe. „Aber glaubt nicht, dass ich beim Ausgraben helfe und mir das Kleid und die Fingernägel schmutzig mache. Ich zeige euch, wo der Schatz vergraben ist, den Rest müsst ihr selbst machen!", sagt die Elfe entschlossen.

Die beiden Zwerge sind sehr erfreut über die Auskunft der kleinen Elfe, vor allem nach den anfänglichen Startschwierigkeiten. Schnell holen sie Käptn Rotbart und die anderen Zwerge herbei. Ganz am anderen Ende des

Zwergenwaldes unter einem dicken, mit Moos bewachsenen Felsbrocken, graben sie mit gemeinsamer Kraft den Schatz aus.

Und gerade, als sie die schwere Schatzkiste aus dem Loch nach oben hieven, taucht ein ungebetener Gast hinter ihnen auf. Es ist Käptn Graubart.

„Ha, ha, haaa!!! Vielen Dank, Rotbart, dass du mir den Weg hierher so leichtgemacht hast. So dumm wie du bist, hast du nicht einmal bemerkt, dass ich dich die ganze Zeit heimlich verfolgt habe. Und auch einen Dank an die Doofzwerge, die so schön fleißig MEINEN Schatz ausgegraben haben. Da musste ich mir meine Hände nicht mal schmutzig machen. Ha, haaa!", tönt es gehässig aus seinem Mund.

„Deinen Schatz?", ruft Käptn Rotbart erbost. „Niemals wirst du diesen Schatz bekommen! Den hat mein Großonkel Käptn Holzhaken hier vor vielen Jahren vergraben und der gehört ganz allein mir."

„Haaaa, das werden wir ja sehen", erwidert Käptn Graubart. „Also, aus dem Weg, ihr Nichtsnutze, lasst mich zu meinem Schatz!"

Und während sich die beiden Piraten immer lauter und heftiger streiten und schon ihre Säbel zum Kampf erheben, sieht die kleine Elfe, was vor sich geht. Sie sieht auch, wie ängstlich sich die Zwerge hinter den Bäumen verstecken, denn dieser Graubart sieht wirklich angsteinflößend aus.
Mit dem ist bestimmt nicht zu spaßen.
Aber einen Kampf in ihrem Zwergenwald lässt sie nicht zu und schon gar nicht von zwei Piraten, die hier nicht mal hergehören.

Kurzerhand fliegt sie zurück zu der Honigpflanze, in der sie Schnubi und Guti einige Zeit zuvor vorgefunden und anschließend eingefangen haben. Zum Glück ist die Pflanze übervoll mit Honigblüten, sodass es nicht schlimm ist, wenn die Elfe einige der Blüten vorsichtig abzupft. Sie sucht sich die am dicksten gefüllte Blüte aus und fliegt zurück zu den zankenden Piraten. Mit einem Satz überschüttet sie Käptn Graubart mit dem kompletten Honigsaft. Dieser ist von oben bis unten beschmiert und völlig verklebt. Er kann seinen Säbel nicht mehr heben, seine Augen nicht öffnen und auch sein Mund ist zugeklebt. Sogar seine Füße kleben am Boden fest, er kann keinen Schritt mehr tun.

Die Zwerge, die Elfe und Käptn Rotbart müssen herzlich lachen über diesen klebrigen Anblick. Das hat der grimmige Pirat wirklich verdient. Schnell tragen sie den Schatz davon und bringen ihn in Sicherheit. Dank der kleinen Elfe hat Käptn Rotbart nun genug Vorsprung, um sich von dem Schatz ein Schiff zu kaufen und seine Piratenprinzessin Lucynda zu retten. Käptn Graubart steckt immer noch fest und kann ihm so schnell nicht hinterherkommen. Bis er aus der klebrigen Masse befreit ist, würde es sicher noch einige Tage dauern.

Die Zwerge sind überglücklich, dass sie dem Piraten helfen konnten und auch bei der Elfe bedanken sie sich für ihre Hilfe. Und mit einem großen Becher Honigsirupsaft entschuldigen sie sich nochmals dafür, dass sie sie so unhöflich eingefangen haben. Aber die Elfe hat es den liebenswerten Zwergen längst verziehen.

Und so sind alle zufrieden und glücklich und nach einiger Zeit der Aufregung kehrt wieder friedliche Stille und Harmonie im Zwergenwald ein.

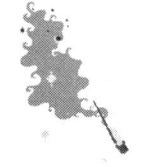

Die Regenbogenrutsche

Habt ihr schon mal ein Einhorn gesehen? Nein? Ich leider auch nicht. Aber es soll sie ja wirklich geben, irgendwo weit weg im Land der Feen und Kobolde. Es heißt, Einhörner schlafen am liebsten auf den weichen Wolken am Himmel. Und wenn ihr mal genau die Wolken beobachtet, könnt ihr vielleicht auch ein Einhorn entdecken.

Das Einhorn Frieda schläft am liebsten auf seiner Wolke. Und während Frieda vor sich hinschlummert, hat sie einen wunderschönen Traum. Sie träumt von einem riesengroßen

Regenbogen, der wie eine Rutsche von einer Wolke zur nächsten geht. Und um die Regenbogenrutsche herum tanzen viele kleine, funkelnde Sterne.

Frieda hat schon oft vom Regenbogen und einer bunten Rutsche geträumt, denn sie wollte schon immer mal gerne von einem Regenbogen herunterrutschen. Das muss einfach ein großartiges Gefühl sein! Und dann auf einer weichen Wolke zu landen … Was kann es Schöneres geben? Aber das ist wohl zu schön, um wahr zu sein, denn als sie wach wird, bemerkt sie wieder einmal, dass alles nur ein Traum war.

Das kleine Einhorn liegt müde auf seiner Wolke und irgendetwas piekst es am Po. Verschlafen reibt sie sich immer wieder am Po und als sie noch halb im Schlaf nach dem Ding tastet, findet sie zu ihrer Verwunderung einen kleinen, funkelnden Stern. Nanu, wo kommt der denn her? Das ist doch genau so ein Stern wie die Sterne an der Regenbogenrutsche, von der sie kurz zuvor geträumt hat.

Merkwürdig. War das vielleicht gar kein Traum? Wie soll sonst genau solch ein Stern direkt bei ihr auf der Wolke landen? Frieda überlegt. Und nach einigen Minuten kommt sie zu dem Entschluss, dass es diese Regenbogenrutsche und all die Sterne wirklich geben muss.

Aufgeregt fliegt sie zu ihrem Freund Anton und erzählt ihm von ihrem Traum und dem Stern, den sie auf ihrer Wolke gefunden hat. Gemeinsam wollen sie sich auf die Suche nach der Regenbogenrutsche machen und Anton hat auch schon eine Idee.

„Komm mit, wir besuchen meine Oma. Sie hat mir als kleines Kind immer eine Geschichte von einer Regenbogenrutsche erzählt, auf der sie immer als Kind gerutscht ist. Ich dachte immer, das wäre nur eine Geschichte gewesen. Aber jetzt, wo du diesen Stern gefunden hast und immer wieder diese Träume hast, glaube ich, dass an der Geschichte etwas Wahres dran sein muss."

Sie machen sich auf den Weg ins Sumpfgebiet, denn Antons Oma ist ein Sumpfeinhorn. Die Sumpfeinhörner leben nicht auf den Wolken, sondern haben kleine Holzhütten auf Stelzen in den geheimnisvollen Sümpfen des Zauberwaldes.

Der Weg dorthin ist nicht ganz einfach, denn sie müssen den Vulkan des Schreckens überqueren. Aber eine andere Möglichkeit haben sie nicht, wenn sie wissen wollen, wo diese magische Regenbogenrutsche ist.

Von Weitem sehen sie bereits den riesigen, dunklen Berg, aus dem graue Rauchschwaden herausdampfen. Das sieht ein wenig bedrohlich aus. „Wollen wir nicht doch lieber wieder umdrehen?", fragt Frieda ängstlich.

„Du willst doch diese Rutsche finden, oder nicht?", antwortet Anton.

„Na ja, eigentlich schon", meint Frieda zögerlich. „Aber können wir nicht um diesen Vulkan herumflattern?", fragt sie ihren Freund.

„Nein, die heißen Dampfwolken würden uns aufspüren und verfolgen und dann einfangen. Es gibt nur einen Weg, und der führt direkt über das Vulkanloch. Wir müssen genau den Moment abpassen, wenn der Vulkan gerade eine Wolke ausgespuckt hat und die neue noch nicht produziert ist. Dabei haben wir nicht viel Zeit. Du musst dich also gut konzentrieren und genau auf mich hören, hörst du Frieda?", erklärt Anton mit Nachdruck.

Frieda gefällt das alles nicht, aber jetzt gibt es wohl kein Zurück mehr. Und sie will ja wirklich, wirklich gern zur Regenbogenrutsche.

Immer näher kommen sie an den Vulkan heran und als sie kurz vor dem Loch sind, halten sie in der Luft auf einer Stelle an, um zu warten. Sie spüren, wie die heiße Luft der Lava aus dem Inneren des Berges alles um sie herum erhitzt. Frieda hat ganz schön Angst.

„Hör genau auf mein Kommando. Wenn ich ›JETZT‹ rufe, fliegst du sofort los, über das Vulkanloch hinweg. Okay?", erklärt Anton.

„Ja, okay …", antwortet Frieda zögerlich. Ob das gut gehen kann?

Gannz genau beobachtet Anton die Rauchschwaden, die in gleichmäßigem Abstand aus dem Vulkan schweben. Und dann ist es so weit.

„JEEEETZT", ruft Anton laut. Erschrocken, aber mutig, fliegt Frieda los, aber eine Windböe drückt sie immer wieder nach hinten.

„Na loooos, Frieda, mach schon", ruft Anton. Frieda gibt alles und gerade, als die nächste Rauchschwade aus dem Vulkan emporsteigt, ist Frieda glücklicherweise auf der anderen Seite in Sicherheit bei Anton. Puh, das war knapp.

„Schau, dort vorne sind schon die Sümpfe. Wir sind gleich da", ruft Anton. Und nach kurzer Zeit stehen sie bei Antons Oma vor der Tür. Die freut sich sehr, als sie die beiden sieht, denn sie hat Anton schon lange nicht mehr gesehen. Aber sie ist auch etwas entsetzt, dass die beiden allein diesen gefährlichen Weg hierher auf sich genommen haben.

Bei einer leckeren Tasse Drachenkakao erzählen die beiden kleinen Einhörner Antons Oma von Friedas Traum, der Regenbogenrutsche und dem funkelnden

Stern, den Frieda gefunden hat, als sie aus ihrem Traum aufwachte.

„Nun ja ...", beginnt Antons Oma zögerlich. „Also, eigentlich ist das ein wohlgehütetes Geheimnis. Aber wenn Frieda immer wieder davon träumt, dann ist das ein eindeutiges Zeichen, dass sie dafür bestimmt ist."

„Dafür bestimmt? Wofür bestimmt?", wollen Anton und Frieda wissen.

„Bestimmt, eine Wächterin des Regenbogenreichs zu sein", erklärt Antons Oma.

„Regenbogenreich? Wächterin?", fragt Frieda verwirrt.

„Ja. Vom Regenbogenreich und der Rutsche wissen nur sehr wenige Einhörner und nur die auserwählten können das Reich betreten. Ich bin auch eine Wächterin, darum weiß ich das alles.Und ich hatte auch immer als junges Einhorn diese Träume. Hier, zieht euch die Sumpfschuhe an und kommt mal mit", fordert Antons Oma die Freunde auf.

Die beiden folgen ihr durch den matschigen Sumpf bis zu einem hohlen Baum. „Gebt mir eure Hände", sagt Antons Oma. Aufgeregt reichen sie ihr die Hände. Was passiert jetzt?

Plötzlich werden sie in den hohlen Baumstamm gezogen und landen in einer Art Strudel. Sie werden in alle Richtungen geschleudert und fühlen sich dabei leicht wie eine Feder. Und es duftet irgendwie wundervoll und lecker nach Zuckerwatte. Als sie am Ende des Strudels ankommen, landen sie auf einer weichen, rosa Wolke. Und die Wolke ist tatsächlich aus Zuckerwatte, kein Wunder, dass es überall so gut riecht.

„Willkommen im Regenbogenreich!", sagt Antons Oma zu den beiden.

Völlig sprachlos und voller Erstaunen schauen sie sich um. Um sie herum ist alles bunt und überall blühen wunderschöne Blumen in allen denkbaren Farben. Die Vögel haben bunt glänzende Federn, die in der Sonne glitzern. Ein kleiner Fluss schlängelt sich durch die üppigen grünen Wiesen und die Bäume sind voller Früchte.

Als die drei durch einen langen Laubbogen gehen, entdecken sie an dessen Ende etwas Unglaubliches: Da ist die riesengroße

Regenbogenrutsche, an deren Ende sich jeweils eine große, weiche Wolke befindet. In der Mitte, zur höchsten Stelle des Regenbogens, geht eine Leiter nach oben, mit der man auf die Rutsche hinaufklettern kann. Um die Rutsche herum tanzen viele funkelnde Sterne.

„Da, schaut doch nur, so einen Stern habe ich bei mir auf der Wolke gefunden", sagt Frieda ganz aufgeregt.

„Oma, warum rutscht denn auf der Rutsche niemand?", will Anton wissen.

„Wisst ihr …", erklärt seine Oma. „Nur die Wächter dürfen hier rutschen. Und da es nicht mehr viele Wächter gibt oder die meisten schon sehr alt sind, ist meistens viel Platz für jede Menge Spaß. Und einmal im Jahr gibt es ein großes Treffen, dann kommen alle Wächter zusammen und feiern hier bei der Rutsche ein riesengroßes Fest. Also, Frieda, wenn du willst, darfst du rutschen", sagt Antons Oma.

Frieda freut sich so sehr, dass sie direkt zur Rutsche rennt, ohne zu bemerken, wie traurig Anton aussieht. Erst, als sie schon ganz oben auf der Leiter ist, dreht sie sich um und sieht, dass Anton immer noch unten steht. „Was ist, Anton? Kommst du auch? Lass uns rutschen!", ruft sie ihm zu.

Antons Blick geht traurig zu Boden.

„Anton, was ist los?", ruft Frieda. Sie klettert, ohne zu rutschen, die Leiter wieder hinab und galoppiert zu Anton.

„Ich bin aber doch kein Wächter, Frieda. Nur du darfst auf dem Regenbogen rutschen", sagt er leise und traurig.

„Dann will ich auch nicht rutschen und auch kein Wächter sein. Ohne Anton habe ich keine Lust drauf!", sagt Frieda halb mürrisch, halb traurig.

„Wisst ihr was, Kinder? Ich habe gute Nachrichten für euch", gibt Antons Oma bekannt. „Jeder Wächter darf ein anderes Einhorn zu einem zweiten Wächter auswählen, der immer mit dabei sein darf."

„Warum sagst du das nicht gleich, Oma?", ruft Anton freudestrahlend. Doch bevor seine Oma etwas antworten kann, sind die beiden schon losgeflitzt. Sie wollen jetzt nur noch eins: die große Regenbogenrutsche hinunterrutschen.

Frieda und Anton genießen die Zeit. Sie lieben es, wie ihnen der Wind durch die Mähne pustet, wenn sie über die bunten Farben rutschen. Sie wälzen sich in den Wolken, naschen von der Zuckerwatte und von den süßen Früchten an den Bäumen.

Und nach einem Tag voller Abenteuer im Regenbogenreich werden die beiden langsam müde. Als die Sonne hinter dem Regenbogen verschwindet und die Sterne hell am Himmel leuchten, schlafen die beiden auf einer der wattigen Wolken erschöpft ein. Auch Antons Oma legt sich zu ihnen, schaut den beiden glücklichen Einhörnern zufrieden beim Schlafen zu.

Als Frieda und Anton am nächsten Morgen aufwachen, sind sie verwirrt. Sie liegen beide in Friedas Zimmer im Bett. Waren sie nicht auf einer Wolke beim Regenbogen eingeschlafen? Und wo war das Regenbogenreich und Antons Oma? Hatten sie das alles etwa nur geträumt?

55

Das Wettkochen der Zaubertränke

Sicher habt ihr auch schon oft von den ach so bösen und grausamen Hexen und Zauberern gehört. Und dass ihr, wenn ihr einem oder einer begegnet, in einen glibberigen, grünen Frosch oder in eine Statue verhext werdet.

Aber nichts davon ist wahr, genauso wie nichts von den bösen Geschichten über Drachen wahr ist. In Wirklichkeit sind Hexen und Zauberer alles andere als böse, ganz im Gegenteil. Eigentlich machen sie am liebsten Unfug, treiben lustigen Schabernack und spielen sich – und manchmal auch den Menschen – Streiche.

Und einmal im Jahr steht das große Wettkochen der Zaubertränke an. Da treten die Hexen gegen die Zauberer an und alle versuchen, den wirksamsten Zaubertrank herzustellen. Dazu gibt es jedes Jahr eine neue Aufgabenstellung, die die Hexen und Zauberer umsetzen müssen. Und in diesem Jahr lautet die Aufgabe: ›Stellt einen Zaubertrank in einer leuchtend giftgrünen Farbe her, der den anderen genau diese Farbe ins Gesicht zaubert. Wer das am meisten giftgrün leuchtende Gebräu herstellt, der soll der Gewinner sein.‹

„Verrückt", denkt ihr jetzt vielleicht. Und genau das ist es auch. Auf so einen verrückten Blödsinn muss man erst mal kommen. Und wisst ihr, was den Gewinner erwartet? Der Gewinner oder die Gewinnerin darf einen Tag lang in der Menschenwelt Unfug und Schabernack treiben. Außer an diesem einen Tag ist das nämlich ansonsten strengstens verboten und wird auch bestraft. Wundert euch also nicht, wenn ihr eines schönen Tages mal vom Tisch aufsteht und eure Schnürsenkel sind wie von Zauberhand zusammengeknotet, oder wenn eure Finger am Glas kleben bleiben, weil plötzlich überall Honig ist.

Aber jetzt will ich euch erst mal von dem Wettkampf erzählen und davon, was der Hexe Herma passiert ist.

Die Hexen und Zauberer aus dem Zauberwald haben sich schon alle versammelt. Gleich beginnt der Wettkampf und die Teilnehmer sind schon ganz aufgeregt. Jede Hexe und jeder Zauberer hat einen Tisch vor sich stehen, auf dem jede Menge verschiedene Gläschen, Töpfchen, Reagenzgläser und ein Kessel stehen.

Die meisten Behälter davon sind gefüllt mit den verrücktesten Flüssigkeiten in den unterschiedlichsten Farben. In manchen Gläschen schwimmen Froschaugen, in anderen wiederum Fingernägel und in den nächsten blubbert es geheimnisvoll. Daneben stehen ein paar leere Gläser. Die sind für die Zubereitung des Zaubertranks. Kobold Herold ist der Schiedsrichter.

Er beobachtet die Teilnehmer während des Wettkampfes ganz genau, dass sich auch alle an die Regeln halten. Herold verteilt zum Schluss noch an jeden Teilnehmer eine Schutzbrille, damit beim Zaubertrankbrauen nichts versehentlich in die Augen spritzt.

Auch Hexe Herma bekommt eine Schutzbrille, aber irgendwie scheint mit dieser Brille etwas nicht zu stimmen. Schon beim Aufsetzen bemerkt sie, dass der Blick durch die Brille nicht das zeigt, was der Wirklichkeit entspricht. Stattdessen haben alle Hexen und Zauberer plötzlich eine Hundeschnauze und einen langen Schwanz. Herma muss sich sehr bemühen, nicht zu lachen, denn dieser Anblick ist wirklich mehr als lustig.

Besonders lustig sieht Zauberer Gilhart aus, denn er hat direkt neben der Hundeschnauze noch eine große Warze im Gesicht. Herma fragt sich, wie Gilhart wohl als Hängebauchschwein aussehen würde und schon bei dem Gedanken daran muss sie laut lachen. Doch als sie Gilhart wieder durch die Brille anschaut, traut sie ihren Augen nicht: Er sieht tatsächlich aus wie ein Hänge-bauchschwein. Ungläubig zieht sie die Brille ab und schielt mit den Augen über den Rand zu Gilhart.

Ohne die Brille sieht Gilhart ganz normal aus. Aber durch die Brille sieht er aus wie ein dickes, faules Hängebauchschwein. Hat die Brille etwa gehört, was Herma dachte? Das will sie testen. Sie setzt ihre Schutzbrille wieder auf, schließt die Augen und denkt: „Wie würden die anderen wohl aussehen, wenn sie kleine, gelbe, wuselige Küken wären?"

Als sie die Augen wieder öffnet, kann sie es nicht fassen. Vor ihr watscheln lauter kleine, gelbe Küken wie wild durcheinander.

Jetzt muss Herma abermals laut lachen. Als sie bemerkt, dass es um sie herum plötzlich ganz leise wird, setzt sie ihre Brille ab. Alle schauen sie an. „Was ist denn so lustig?", wollen die anderen wissen.

„Äh. Ach, also ich ... ich musste gerade an etwas Lustiges denken. Nichts weiter ...", antwortet Herma schnell.

Dann beginnt der Wettbewerb. Laut ertönt die Stimme des Kobolds Herold durch das Mikrofon: „Und nun bitte ich alle Hexen und Zauberer, ihre Schutzbrillen ordnungsgemäß aufzusetzen. Wenn ihr den Startton hört, könnt ihr mit dem Mixen des Zaubertranks beginnen. Ihr habt genau 30 Minuten dafür Zeit. Auf die Plätze, fertig ... PENG."

Ein lauter Schuss aus der Zauberkanone donnert durch den Zauberwald. Die Hexen und Zauberer schnappen sich die Röhrchen mit den Flüssigkeiten und los geht das wilde Mischen. Es zischt und blitzt und sprudelt.

Herma allerdings hat ein paar Probleme, denn durch die Brille kann sie ihre Flüssigkeiten nicht genau erkennen. Die Flüssigkeit mit den Froschaugen ist bei Herma ein glibberiger, gelber Schleim.

In der Flüssigkeit mit den Fingernägeln schwimmen bei Herma statt der Fingernägel lauter kleine Himbeeren und das Röhrchen mit der Blubberflüssigkeit ist bei Herma mit schmatzenden Kussmündern gefüllt. Wie soll sie so den richtigen Zaubertrank mischen? Das kann nur schiefgehen.

Nach einiger Zeit ertönt wieder ein lauter Schuss aus der Zauberkanone.

„Die Zeit ist abgelaufen. Bitte alles stehen lassen und die Brillen absetzen", verkündet Herold durchs Mikrofon. Vor den Zauberern und Hexen sind die unglaublichsten Gebräue zu sehen. Wer wird wohl den Trank gemischt haben, der den Sieg bringt?

Als Herma ihre Brille absetzt und ihren Zaubertrank sieht, erschrickt sie. In ihrem Reagenzglas ist eine tiefschwarze Flüssigkeit, in der Tausende von kleinen, silbernen Perlen schwimmen.

So eine Flüssigkeit hat sonst niemand zusammengebraut. Komischerweise sah die Flüssigkeit durch die Brille genau so aus, wie sie sein sollte: leuchtend giftgrün. Das konnte nichts Gutes sein. Und alles nur wegen dieser seltsamen Brille, ärgerte Herma sich.

Kritisch beäugt der Schiedsrichter die Mixturen, die die Zauberer und Hexen vor sich stehen haben. Als er zu Hermas Tisch kommt, bleibt er stehen. Er runzelt die Stirn und geht mit dem Kopf ganz nah an das Glas mit der Flüssigkeit. „Was bitte ist das?", fragt er mit zischender Stimme.

„Ähm … ein Geheimtrank", antwortet Herma.

„Der Zaubertrank sollte eigentlich grün sein und nicht schwarz. Du scheidest somit leider aus. Dein Zaubertrank wird nicht gewertet", verkündet Herold.

„Aber der Trunk ist doch grün. Sogar richtig giftig grün. Hier, setzen Sie doch die Brille mal auf", fordert Herma ihn auf und reicht Herold ihre Schutzbrille.

„Ich glaube kaum, dass das was nützt", sagt Herold herablassend, setzt sich die Brille aber trotzdem auf. Als er sich Hermas Zaubertrank durch die Brille anschaut, verstummt er. „Ja ist denn das zu fassen?", murmelt er vor sich hin, während er die Flüssigkeit in Hermas Glas anstarrt. „Nun ja. Wenn das so ist, darfst du weiter an der Auswertung teilnehmen", beschließt er und nimmt die Brille wieder ab. Zum Glück hat er nicht bemerkt, dass auch er selbst und all die anderen anders durch die Brille aussehen.

„Nun werde ich einen Schluck von jedem eurer Zaubertränke trinken. Anschließend wird sich zeigen, wer den am besten funktionierenden Zaubertrank gemixt hat", sagt Herold. Er geht von Tisch zu Tisch, nippt hier und trinkt da. Es zischt und knistert und bei jedem Schluck verändert sich seine Gesichtsfarbe. Mal leuchtet er in einem kräftigen Grünton, manchmal eher gelblich und manchmal hat er viele gelbe, blubbernde Blasen im Gesicht. Als er zu Hermas Zaubertrank kommt, zögert Herold einen Moment. Er scheint sich nicht so ganz zu trauen, davon zu trinken. Das sieht aber auch sehr seltsam aus, was da in Hermas Glas brodelt.

Vorsichtig nimmt Herold einen Schluck von Hermas Zaubertrank. Doch es passiert nichts. Dann nimmt er noch einen Schluck. Als sich immer noch nichts tut, sagt er: „Tja Herma, dein Zaubertrank bewirkt leider gar nichts."

Herma setzt ihre Schutzbrille wieder auf. „Das würde ich so nicht sagen", sagt sie leise und starrt Herold dabei an. Was sie durch ihre Brille sieht, ist unfassbar. Herolds Gesicht leuchtet in einem giftigen Neongrün. Seine Augen strahlen knallrot und sein Mund und seine Zunge sind schwarz wie die Nacht.

Das sieht sehr gruselig aus. Nur leider kann Herold es nicht sehen, denn selbst, wenn er die Brille aufsetzt, kann er ja sein eigenes Gesicht nicht sehen. Da hat Herma eine Idee. Sie kramt aus ihrer Tasche einen Spiegel hervor und hält ihn Herold vors Gesicht. „Schauen Sie sich doch bitte noch mal durch die Brille an,", bittet Herma und reicht Herold ihre Schutzbrille.

„Erstaunlich", murmelt Herold, als er sein Spiegelbild sieht. „Das ist ja wirklich ganz faszinierend, Herma. Also, so einen Zaubertrank hatten wir bisher noch nie. Ich denke, damit ist die Gewinnerin des Zaubertrank-Wettbewerbs klar. Herzlichen Glückwunsch, Herma", ruft er.

Die anderen Zauberer und Hexen freuen sich für Herma und ein rauschender Applaus schallt durch den Zauberwald.

Herma strahlt übers ganze Hexengesicht. Sie freut sich, denn jetzt darf sie einen Tag in die

Menschenwelt und dort jede Menge Unfug treiben.

Am nächsten Morgen macht sie sich fertig für den Tag bei den Menschen. Sie darf nicht als Hexe erkannt werden, darum nimmt sie ihren Hexenhut ab und legt ihren Besen unters Bett. Nur die wundersame Schutzbrille nimmt sie vorsichtshalber mit.

Man weiß nie, ob man sie nicht irgendwie gebrauchen kann. Durch ein großes, magisches Tor im Zauberwald gelangt sie in die Welt der Menschen. Sie knotet heimlich Schnürsenkel zusammen, zaubert den Leuten Spinat zwischen die Zähne, lässt Essen aus der Hand rutschen und amüsiert sich prächtig über die verwirrten Gesichter der Menschen.

Doch bevor der Tag in der Menschenwelt zu Ende geht, will sie noch eine Sache wissen: Was passiert, wenn sie hier durch die Schutzbrille schaut? Auf einem großen Platz voller Menschen zieht sie sich vorsichtig die Brille über den Kopf und schaut sich um.

Was sieht sie denn da? Zwischen all den Menschen erkennt Herma ganz deutlich, dass einige davon gar keine Menschen sind, sondern auch Hexen und Zauberer aus einer anderen Welt.

Sie ist also nicht die Einzige, die hier zu Gast ist. Wahrscheinlich gibt es auch in anderen Zauberwelten Wettbewerbe! Aber sie ist die Einzige, die dieses Geheimnis jetzt kennt.

Ja, liebe Kinder, so geht es zu in der Welt der Hexen und Zauberer. Nur Schabernack im Kopf. Aber egal, ob freche Hexe oder verrückter Zauberer: Keiner von ihnen will den Menschen etwas Böses. Sie wollen manchmal nur etwas Spaß und Magie in die Welt der Menschen bringen.

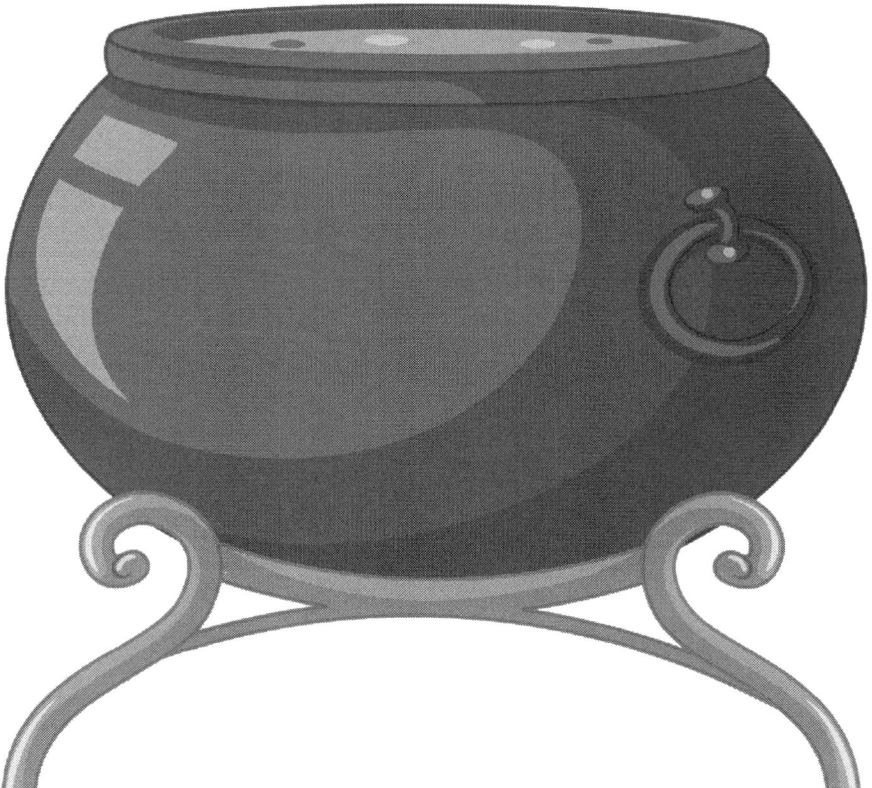

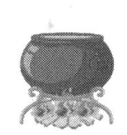

Das versteckte Einhorn

In einem wunderschönen Schloss im Land des immerwährenden Sommers leben ein König und eine Königin zusammen mit ihrer Tochter, Prinzessin Mandara. Das Land und dessen Bevölkerung lebt unter der Herrschaft der Königsleute im Wohlstand. Alle sind glücklich und niemand muss hungern oder Leid ertragen.

Eigentlich haben die Bevölkerung und die Königsfamilie keine Sorgen. Nur eine Sorge macht sich immer mehr breit und wird vor allem bei Prinzessin Mandara immer größer: Im königlichen Stall lebt ein Einhorn. Es ist das letzte Einhorn im Königreich und wird gehegt, gepflegt und verwöhnt.

Prinzessin Mandaras erster Gang jeden Morgen ist in den Stall, um nach ihrem Einhorn zu sehen, es zu kämmen und zu füttern. Jeder Wunsch wird dem Tier von den Augen abgelesen, damit es ihm immer gut geht und es glücklich ist.

Denn eins müsst ihr wissen: Dass es der Königsfamilie und den Untertanen so gut geht, kommt nicht von ungefähr. Nein, nein. Es ist tatsächlich das Einhorn, das Glück und Reichtum bringt.

Ein glückliches Einhorn verleiht einem Königreich seinen Glanz. Die Ernte fällt üppiger aus, die Wiesen sind grüner und saftiger, Schmetterlinge sind bunter, die Sonne ist wärmer und alles wächst und gedeiht, sodass es niemals Hungersnot gibt.

Doch Mandara ist schon vor längerer Zeit aufgefallen, dass mit dem Einhorn irgendetwas nicht stimmt. Immer wieder sieht sie verwelkte Blumen oder vertrocknete Wiesen. Heute bemerkt sie, dass die Äpfel am Apfelbaum im königlichen Garten alle ganz klein und verschrumpelt sind und auch der Himmel wirkt nicht so freundlich wie sonst. Neulich war es eines morgens sogar nebelig, kalt und es nieselte feine Regentropfen vom bewölkten Himmel. Das macht Prinzessin Mandara sehr traurig, denn es gab zuvor noch nie so ein schlechtes Wetter hier im Land des immerwährenden Sommers.

Sie hat große Angst, dass irgendwann alles nur noch grau sein wird und keine Sonne mehr scheinen könnte. Das hätte auch verheerende Auswirkungen auf die Ernte und das Leben im gesamten Königreich. So weit darf es auf keinen Fall kommen. Sie macht sich deshalb große Sorgen um das Einhorn, denn sie weiß einfach nicht, was ihm fehlt. Etwas muss aber offenbar schieflaufen, wenn immer wieder etwas verschrumpelt.

Auch an diesem Morgen steht das Einhorn traurig im Stall und lässt seinen Kopf hängen.

„Was ist mit dir? Wir kann ich dir helfen?", erkundigt sich Prinzessin Mandara, während sie ihrem Einhorn über die weiche Mähne streichelt. Aber das Einhorn kann ja leider nicht sprechen und deshalb niemandem sagen, was mit ihm los ist. Da ist guter Rat teuer.

Es gibt nur eine Lösung: Mandara muss eine Elfe finden. Irgendwer hat ihr mal gesagt, dass

Elfen die Sprache der Einhörner verstehen und auch sprechen können. Doch so einfach ist das nicht, denn der Elfenwald ist sehr weit weg und der Weg dorthin beschwerlich. In ihrer Not nimmt Mandara die Reise auf sich, um ihrem Einhorn zu helfen und ihr Königreich zu retten.

Auf ihrer Reise muss sie hohe Berge besteigen und reißende Flüsse durchqueren. Sie muss durch einen gefährlichen Dornenwald mit versteckten Fallen und durch ein sehr vertracktes Labyrinth. Aber die Prinzessin ist voller Entschlossenheit und schafft es auch, unversehrt alle Schwierigkeiten zu überstehen.

Als sie im Elfenwald ankommt, dauert es nicht lange, bis sie die erste Elfe sieht. Es ist eine besonders hübsche Elfe. Sie flattert fröhlich singend mit ihrem rosa Kleidchen und blauen Wuschelhaaren von Blume zu Blume und trinkt von dem leckeren, süßen Blütennektar.

„Entschuldige bitte", spricht Prinzessin Mandara sie an.

Die kleine Elfe hebt erschrocken ihren Kopf aus der Blüte. „Tut mir leid, ich wollte dich nicht erschrecken, kleine Elfe."

Die kleine Elfe schaut Mandara wie erstarrt an. Ein Mensch? Hier im Elfenwald? Die kleine Elfe flattert aufgeregt hinter einen großen Busch und versteckt sich. Schließlich hört man immer wieder schlimme Geschichten von den Menschen.

„Ich tu dir nichts, kleine Elfe. Ich brauche nur dringend deine Hilfe. Mein Name ist Prinzessin Mandara. Ich komme aus dem Land des immerwährenden Sommers und bin den ganzen schweren Weg hierhergekommen, um eine Elfe zu finden, denn nur eine Elfe kann mir bei meinem Problem helfen", erzählt die Prinzessin.

Langsam traut sich die kleine Elfe hinter ihrem Versteck hervor. „Prinzessin Mandara? Von dir und deinem Königreich habe ich schon viele Geschichten gehört. Stimmt es, dass es bei euch keine Hungersnot gibt und alle Menschen glücklich sind? Und dass bei euch immer die Sonne schein?", fragt die Elfe.

„Ja, das stimmt. Also ... eigentlich stimmt es. Aber im Moment mache ich mir große Sorgen. Dass es bei uns so friedlich und glücklich zugeht, liegt an meinem Einhorn. Es wird sehr gut gepflegt und verwöhnt und zum Dank sorgt das Einhorn für Glanz, Glück und Reichtum im Königreich.

Aber in letzter Zeit lässt das Einhorn immer öfter seinen Kopf hängen und wirkt traurig. Letztens habe ich verwelkte Blumen entdeckt und am Baum hingen verschrumpelte Äpfel. Es hat sogar einen Tag mal richtig gestürmt. Irgendetwas stimmt nicht mit meinem Einhorn und ich weiß einfach nicht, was ich tun soll. Ich mache mir große Sorgen um das Tier und um mein Königreich. Leider ist es das allerletzte Einhorn und wenn es ihm nicht gut geht, geht es auch dem Königreich nicht gut."

„Verstehe", antwortet die Elfe und fliegt davon. Seltsam. Damit hat Prinzessin Man-dara jetzt nicht gerechnet. Sie hat eigentlich gehofft, dass die kleine Elfe ihr helfen würde. Traurig dreht sich die Prinzessin um und will sich auf den Nachhauseweg machen.

„Hey, wo willst du denn hin?", ruft da eine Stimme hinter ihr. Als sich Mandara umdreht, entdeckt sie die kleine Elfe wieder. Aber nicht nur eine, die Elfe hat Verstärkung geholt.

„Also, mein Name ist Eleonore und das ist

meine Freundin Marlis. Wir wollen dir und deinem Einhorn helfen." Die zwei quirligen Wesen fliegen um Prinzessin Mandara herum, erklären ihr, dass sie die beiden einzigen Elfen im Elfenwald sind, die die Sprache der Einhörner nicht nur verstehen, sondern auch sprechen können. Mandara freut sich und ist überglücklich und erleichtert.

„Lasst uns gehen", sagt Mandara eilig.

„Ja, aber nicht diesen beschwerlichen Weg, den du hergekommen bist", lehnt Marlis ab. Sie zieht ein kleines Säckchen unter ihrem Kleid hervor und öffnet es. Dann holt sie mit ihrer Hand etwas heraus und pustet es über Mandara. Die Prinzessin ist umhüllt von glitzerndem Staub, der nach Honig durftet.

Als sich der Staub legt, ist sie sprachlos. Sie und die beiden Elfen stehen im Hof ihres Schlosses vor dem Einhornstall. „Wie sind wir denn so schnell hierhergekommen?", fragt Mandara erstaunt.

„Das kann nur unser Elfenzauber", sagt Eleonore und lächelt. Schnell gehen die drei in den Stall zu dem Einhorn. Es sieht gar nicht gut aus. Das arme Tier steht mit gesenktem

Kopf in einer Ecke und will auch überhaupt nichts essen.

Die Elfen machen sich gleich an die Arbeit, herauszufinden, was dem Einhorn fehlt und es dauert auch nicht lange, bis sie das Problem kennen. „Dein Einhorn ist einsam", stellt Marlis fest. „Ihm fehlt ein Freund."

„Aber ich bin doch seine Freundin", sagt Mandara.

„Ja, natürlich, aber du bist ein Mensch. Und dein Einhorn braucht ein anderes Einhorn bei sich im Stall", erklärt Marlis.

Als Mandara dies hört, wird sie traurig. Wo soll sie ein zweites Einhorn herbekommen? Es gibt im ganzen Königreich nur noch ein einziges Einhorn, und das steht hier im königlichen Stall.

Doch die kleinen Elfen wissen auch hier einen Rat. „Hör gut zu, Mandara. Wenn du deinem Einhorn helfen und dein Königreich retten möchtest, dann musst du dich auf die Suche nach einem Mumak-Pferd machen", erklärt Eleonore.

„Was ist denn ein Mumak-Pferd?", will Mandara wissen. Von dieser Art Pferd hat sie noch nie gehört.

„Ein ganz besonderes Pferd. Mumak-Pferde sehen zwar aus wie normale Pferde, aber in ihnen schlummert ein verstecktes Einhorn. Die Pferde selbst wissen das gar nicht und man benötigt einen ganz besonderen Zauber, um das Pferd in ein Einhorn zu verwandeln: den „Blumenzauber". Diesen Zauber findet man nur im magischen Buch der Zauberwesen, einem uralten, fast vergessenen Zauberbuch. Dieses Buch müssen wir finden, um deinem Einhorn zu helfen", erklärt Eleonore weiter.

„Wie sollen wir dieses Buch finden? Und wie erkenne ich so ein besonderes Pferd?", will Mandara wissen.

„Die Pferde, die in sich die Magie eines Einhorns tragen, haben ein ganz besonderes Merkmal am Hals. Es ist eine Stelle mit weißem Fell, das in der Sonne in Regenbogenfarben glänzt. Nach so einem Pferd müssen wir suchen. Und das Zauberbuch muss irgendwo in der alten Bücherei des Königreichs verborgen liegen."

Na klar, die alte Bücherei, erinnerte sich Mandara. Da gab es eine ganze Menge uralter, besonderer Bücher!

Gemeinsam suchen die drei die alte Bücherei auf. Sie durchforsten jede Abteilung und jedes Regal, aber das alte Zauberbuch ist nicht auffindbar. Plötzlich entdeckt Mandara in einem der Regale eine Klappe. Mit einem leichten Schubs lässt sie sich öffnen.

Dahinter kommen jede Menge Spinnweben und Staub zum Vorschein. „Hier hat wohl schon länger keiner mehr reingeschaut", meint Mandara und hustet vor lauter Staub.

Vorsichtig schiebt sie ihre Hand durch die klebrigen Spinnennetze und ertastet dahinter ein dickes Buch. Als sie es rauszieht, hält sie das uralte Zauberbuch in ihren Händen.

Jetzt müssten sie nur noch so ein besonderes Pferd finden. Und Mandara hat auch schon eine Idee, wie sie das anstellen werden. Die beiden Elfen folgen Mandara auf eine große Wiese am Rande des Königreichs. Sie setzen sich hinter einen Busch und verstecken sich.

„Wovor verstecken wir uns denn?", wollen die beiden Elfen wissen.

„Hier auf der Wiese sind ganz oft Wildpferde. Aber sie dürfen uns nicht sehen, denn sie sind scheu und würden sofort weglaufen", erklärt Mandara. Und so sitzen die drei hinter der

Hecke und warten und warten. Als sie schon fast eingeschlafen sind vor lauter Warten, taucht plötzlich ein Pferd auf.

Vorsichtig betritt es die Wiese und beginnt zu fressen. Dann kommen nach und nach viele weitere Pferde dazu und genießen die Sonne und das leckere, frische Gras.

Die beiden Elfen staunen. So viele Wildpferde auf einem Fleck haben sie noch nie gesehen. Jetzt müssen sie nur noch DAS eine Pferd mit dem besonderen Merkmal finden.

„Am besten, ihr beiden sucht das versteckte Einhorn. Ich bin zu groß, wenn ich auf die Pferde zugehe, werden sie davonrennen. Aber ihr seid klein und flink. Sie werden euch nicht bemerken, wenn ihr vorsichtig um sie herumflattert", schlägt Mandara vor. Die beiden Elfen stimmen der Idee zu und machen sich auf die Suche.

Es dauert auch nicht lange, da haben die beiden Elfen ein Pferd entdeckt, welches das besondere Merkmal am Hals trägt. Vorsichtig flüstern sie ihm etwas ins Ohr und das Pferd folgt den beiden zutraulich mit zu Prinzessin Mandara. Die Prinzessin ist sehr staunt darüber, denn eigentlich sind die Wildpferde sehr scheu.

„Du weißt doch," erinnert Eleonore sie „wir können mit den Einhörnern sprechen. Und da dieses Pferd im Inneren ein magisches Einhorn ist, können wir auch mit ihm sprechen."

Und dann ist es so weit. Prinzessin Mandara schlägt das alte Zauberbuch auf, um nach dem Blumenzauber zu suchen. Der Zauber steht in Einhornsprache im Buch, sodass ihn nur die beiden Elfen lesen können. „Elowin padura unicuno. Sudakin samura lunico. Flora unico magico. Zumm!", flüstern die Elfen dem Pferd sanft ins Ohr.

Plötzlich huscht ein Windzug durch die Bäume und das Rauschen der Blätter hört sich an wie leises Flüstern. Das Fell des Pferdes färbt sich mehr und mehr in ein glänzendes Weiß und am Kopf kommt ein wunderschönes, gedrehtes Horn zum Vorschein.

Auch Flügel hat das Wildpferd plötzlich und aus ihm ist ein wunderschönes Einhorn geworden. Der Blumenzauber hat funktioniert und das magische Einhorn zum Leben erweckt.

Vorsichtig legen sie ihm eine Leine um den Hals und gemeinsam machen sie sich auf den Weg zum königlichen Stall. Als Prinzessin Mandara und die beiden Elfen mit dem Einhorn den Stall betreten, beginnt das traurige Einhorn, am ganzen Körper hell zu erstrahlen. Auch das neue Einhorn beginnt zu strahlen und freudig begrüßen sich die beiden.

Das traurige Einhorn ist endlich nicht mehr einsam, sondern überglücklich. Und als die Prinzessin in den Garten kommt, sieht sie bunte Blumen erblühen und die Äpfel am Baum sind wieder üppig und rot.

Jetzt weiß sie, dass sie ihr Königreich, das Land des immerwährenden Sommers, vor dem Verblassen der Farben und der Hungersnot bewahrt hat. Und so lebt die Prinzessin mit ihrer Familie und den beiden Einhörnern noch lange und glücklich im Land des immerwährenden Sommers.

Der kleine Gnom Goonie und die verschwundene Keule

Sicher habt ihr auch schon viele Geschichten von unheimlichen Gnomen und Kobolden gehört. Vor allem die Gnome sehen mit ihren vielen Warzen im Gesicht, den stacheligen Haaren und der langen Hakennase wirklich gruselig und angsteinflößend aus. Ihr Wesen und ihr Charakter entsprechen jedoch in keinster Weise ihrem Aussehen. In der Regel sind Gnome freundliche, liebenswerte Geschöpfe, die friedliebend und ruhig miteinander leben.

Wusstet ihr, dass Gnome auch zaubern können? Doch, das können sie. Allerdings nicht so richtig perfekt wie die Elfen, Hexen oder Zauberer. Gnome sind etwas tollpatschig und deshalb kommt bei ihrem Zaubern oft etwas raus, das sie eigentlich gar nicht wollten.

Und manchmal passiert sogar genau das Gegenteil von dem, was der Zauber bewirken sollte. Daher zaubern die Gnome nur sehr selten und nur in Ausnahmefällen, denn sie wissen, dass die Zauberei nicht wirkliche ihre Stärke ist.

Der kleine Gnom Goonie hat sogar von seinen Eltern ein Zauberverbot auferlegt bekommen, da er aus Versehen schon sehr viel Blödsinn gezaubert hat. Zum Beispiel haben die Eltern vor ein paar Tagen eine sprechende Milch im Kühlschrank gefunden.

Dabei wollte Goonie sich eigentlich nur eine Schüssel voll Cornflakes mit Milch zaubern. Als die Eltern nachts von einer Stimme aus der Küche geweckt wurden, haben sie die Milch im Kühlschrank gefunden, die sofort freudig drauflos quatschte. Goonies Mutter hat sich zu Tode erschreckt, als sie den Kühlschrank öffnete. Seitdem wohnt Agathe – so heißt die sprechende Milch – bei Goonie und seiner Familie im Kühlschrank.

Oder neulich hatte Papas Ohrensessel plötzlich Füße und lief immer davon, wenn sich Papa draufsetzen wollte.

Aber Goonie ist ein bisschen trotzig. Er ist der festen Überzeugung, dass er, wenn er nur kräftig übt, bald genauso gut zaubern kann wie eine Elfe. Deshalb übt er das Zaubern weiter, besonders dann, wenn seine Eltern nicht zu Hause sind, so wie heute.

Im Wohnzimmer der Gnome hängt eine große, schwere Keule. Die hatte einst Goonies Opa gehört und Goonies Papa hütet sie wie einen Schatz. Papa will nicht, dass Goonie die Keule auch nur berührt oder gar damit spielt. Aus diesem Grund hat er sie fest an der Wand verankert.

Aber Goonie würde so gerne nur ein einziges Mal mit dieser tollen Keule spielen. Also versucht er, die Verankerung mit einem Zauber zu lösen. Tatsächlich gelingt ihm das sogar. Nur leider verschwindet nicht nur die

Verankerung, sondern auch gleich die ganze Keule.

Goonie erschrickt beim Anblick der leeren Wand. Oh nein, was hat er getan? Wenn das sein Papa sieht. Sicher würde Goonie für den Rest seines Lebens Hausarrest bekommen. Was soll er jetzt tun? Ihm fällt nur seine Freundin Mirabelle ein, die kleine Fee vom Saphirsee. Hoffentlich kann sie Goonie helfen.

Als Goonie am See ankommt, findet er die kleine Fee auch gleich, denn sie ist an ihrem Lieblingsplatz unter einer bunt blühenden Blumenhecke und ruht sich aus.

„Mirabelle … hey, wach auf!", schreit Goonie laut.

Die kleine Elfe erschrickt so sehr, dass sie sich ihren Kopf an einem dicken Ast stößt. „Auaa … Goonie, was schreist du hier so rum? Ich habe mich zu Tode erschreckt", schimpft Mirabelle.

„Entschuldige bitte. Aber ich brauche ganz, ganz dringend deine Hilfe", sagt Goonie aufgewühlt.

„Ach herrje, was hast du denn jetzt wieder gezaubert?" Mirabelle kennt den kleinen Goonie sehr gut. Schon oft musste sie ihrem Freund aus der Patsche helfen, wenn wieder mal ein Zauber schiefging.

Goonie erzählt ihr von dem Vorfall mit der Keule seines Papas und dass die Keule dringend wieder zurück an die Wand muss, bevor seine Eltern nach Hause kommen. Mirabelle erklärt sich natürlich wie immer bereit, Goonie zu helfen.

Kurze Zeit später stehen beide im Wohnzimmer bei Goonie, als Mirabelle plötzlich anfängt, herzhaft zu lachen. „Was ist denn, Mirabelle? Was ist denn, sag schon? Warum lachst du?", will Goonie aufgeregt wissen.

Mirabell zeigt mit ihrem Finger in die Wohnzimmerecke zur Stehlampe. Da ist die Keule. Sie dient jetzt jedoch als Ständer der Stehlampe und hat Augen. Und diese blinzeln und gucken sehr erstaunt unter ihrem neuen Lampenschirm hervor.

Was für ein Schlamassel! Das hat Goonie noch gar nicht gesehen. Nur gut, dass Mirabelle so aufmerksam ist und immer ein wachsames Auge hat. Aber wie soll nun aus der Stehlampe wieder eine Keule werden?

Dafür hat die kleine Elfe so schnell nun auch keinen Rat, denn so etwas mit einem passenden Zauber rückgängig zu machen, ist selbst für eine Elfe mit perfekter Zauberkraft gar nicht einfach.

Mirabelle überlegt einen Moment, aber dann hat sie eine Idee: „Weißt du was? Wir haben zu Hause so ein dickes, altes Zauberbuch. Dort stehen alle Zauber drin, die es gibt. Ich fliege schnell nach Hause und hole es", sagt sie.

„Na gut, aber beeile dich bitte. Meine Eltern werden bald wieder da sein!", bittet Goonie seine Freundin.

Mirabelle macht sich sofort auf den Weg. Und während sie weg ist, überlegt Goonie, was er tun könnte, um selbst die Keule wieder an die Wand zu zaubern.

Er versucht es als Erstes mit dem „Alles-zurück"-Zauber, eigentlich einem ganz einfachen Zauber, der ihm fast immer gelingt. Fast …

„Das war ein schweres Stück und jetzt alles auf zurück. Sim Sim!", murmelt Goonie in Richtung der Stehlampe. Aber oje. Anstatt besser, wird der Schlamassel größer.

Die Keule ist immer noch mit der Stehlampe verbunden, nur dass sie jetzt nicht mehr aus braunem Holz ist, sondern aus grünem, glibberigen Wackelpudding besteht. Die gesamte Lampe wabbelt hin und her und wenn nicht direkt hinter der Lampe eine Wand wäre, wäre sie schon umgefallen.

So kann die Keule auf keinen Fall bleiben. Ein neuer Zauber muss her! Vielleicht hilft ja der

„Universal-Zauber", denkt sich Goonie. Den hat er noch nie ausprobiert, aber angeblich soll er für alles als Gegenzauber helfen. Aber wie ging der gleich noch?

„Runi kuni Sonnenlicht ..." Nein, das ist so nicht richtig. „Runi kuni Sonnenschein, alles soll wie vorher sein. Sim Sim", flüstert Goonie. Auweia. Leider war das wohl auch nicht der richtige Zauberspruch. Die Stehlampe hat nun auch noch Füße und läuft quer durch den Raum.

Dabei schwabbelt die Keule aus Wackelpudding ständig hin und her. Goonie hält sich die Augen zu, er hat Angst, die Wackelpudding-Keule könnte kaputtgehen.

Eine Stehlampe aus Wackelpudding, mit Augen und Füßen. So etwas hat bestimmt noch niemand gesehen. Und zugegeben, es sieht schon ein wenig lustig aus.

Die Stehlampe macht allerdings vor nichts halt. Sie läuft gegen Türen und Schränke, wirft Vasen um, Geschirr aus dem Schrank und zerbricht Mamas Lieblingsporzellanpuppe. Das darf doch alles nicht wahr sein! Die ganze Wohnung sieht aus, als hätte eine Bombe eingeschlagen.

Frustriert und enttäuscht über sich selbst und seine schlechten Zauberkünste setzt sich Goonie in eine Ecke und bleibt dort sitzen.

Endlich kommt Mirabelle zurück. Als sie ins Wohnzimmer kommt, bleibt sie wie erstarrt stehen. „Ach du meine Güte, Goonie. Was zum Teufel ist denn hier passiert?", fragt sie entsetzt.

„Ich habe nur versucht, die Keule wieder an die Wand zu zaubern", antwortet Goonie traurig. „Und jetzt ist alles noch viel schlimmer als vorher."

Mirabelle schaut sich verzweifelt im Wohnzimmer um. Wie soll sie dieses Chaos nur wieder beseitigen? „Goonie! Bitte zaubere ab jetzt nicht mehr, hörst du?

Das funktioniert einfach nicht richtig und alles wird nur schlimmer. Ich versuche jetzt, dieses Durcheinander erst mal zu beseitigen", sagt Mirabelle seufzend.

„Ja, ist ja gut", antwortet Goonie mürrisch.

Die kleine Fee holt ein kleines Täschchen hervor und greift mit ihrer Hand hinein. Dann streut sie glitzernden Staub durch den ganzen Raum. Goonie hustet und vor lauter Staub kann er gar nichts mehr sehen. Als sich der Staub legt, ist das Wohnzimmer blitzeblank.

Doch Mirabelle weiß noch nichts von der laufenden Stehlampe aus Wackelpudding, die genau in diesem Moment ins Wohnzimmer hereingerannt kommt. Sie rast kreuz und quer durch den Raum und kurz bevor sie gegen den Schrank mit dem Geschirr rennt, ruft die Elfe laut: „Stipp Stapp Stopp!"

Die Lampe bleibt wie versteinert stehen. Gott sei Dank.

„Goonie, was hast du bloß mit der Keule gemacht?", fragt Mirabelle und schüttelt verzweifelt den Kopf.

„Tut mir leid, Mirabelle", antwortet er niedergeschlagen.

Jetzt holt Mirabell das dicke, alte Zauberbuch hervor. Sie blättert eine ganze Weile drin herum.

„Ah, hier ist es", sagt sie dann. Mit dem ersten Zauber beseitigt die Elfe die Füße an der Stehlampe. Mit einem weiteren wird die Keule unter dem Lampenschirm wieder zu Holz. Aber das Schwierigste kommt erst noch: die Keule wieder ordnungsgemäß an die Wand zu zaubern.

Wieder blättert die Fee im Zauberbuch. „Goonie, es gibt ein Problem", sagt sie ernst.

„Für den Rückwärtszauber der Keule benötigen wir sprechende Milch. Aber leider weiß ich nicht, wie man die zaubert. Ich kann die Keule leider nicht zurückzaubern", erklärt sie.

Doch Mirabelle weiß nicht, dass das gar kein Problem ist. Goonie springt auf und rennt zum Kühlschrank. Mit der sprechenden Milch kommt er zurück zur Elfe. Da war seine miserable Zauberkunst doch noch zu irgendetwas gut. „Hier, Mirabelle. Die habe ich letztens aus Versehen gezaubert und seitdem wohnt Agatha in unserem Kühlschrank."

Die kleine Fee ist begeistert. Schnell nimmt sie die sprechende Milch und mischt sie mit den Zutaten, die in dem Buch beschrieben sind. Sie rührt so lange, bis aus dem Gemisch ein trockenes Pulver geworden ist, das sie mit den Worten „zurück, zurück im ganzen Stück" über die Stehlampe streut.

Die Stehlampe beginnt zu qualmen und schwarzer Rauch breitet sich im ganzen Wohnzimmer aus. Ob das so richtig ist? Dann ist ein lauter Knall zu hören und gerade, als sich der Qualm legt, geht die Haustür auf und Goonies Eltern kommen herein.

„Hallo Goonie, hallo Mirabelle. Hattet ihr einen schönen Tag?", fragt Goonies Papa, als er ins Wohnzimmer kommt. Vorsichtig schaut sich Goonie um. Kaum zu glauben.

Die Keule hängt wieder fest verankert an der Wand, als wäre nie etwas gewesen. Das war wirklich knapp. „Ja, Papa, wir hatten viel Spaß", antwortet Goonie und zwinkert Mirabelle zu.

Goonie ist wirklich froh, so eine gute Freundin wie Mirabelle zu haben. Ab jetzt will er sich mit der Zauberei zurückhalten. Aber nur ein wenig.

Die verschwundene Muschel

Habt ihr schon einmal was vom Land Aquatika gehört? Es ist eine zauberhafte Welt weit unter dem Meer. Es ist das Königreich von Poseidon, dem König der Meere.

Da unten ist alles friedlich und wenn die Strahlen der Sonne durch das Blau des Wassers hindurchscheinen, verzaubert sich die Unterwasserwelt in eine goldene, glänzende Welt. Besonders das Schloss von König Poseidon erstrahlt hell und glitzert dann in allen Farben.

Doch im Moment herrscht nicht wirklich Ruhe hier unten. Im Gegenteil, die Meerjungfrauen und -männer sind in heller Aufregung. Ihr wollt wissen, warum? Dann passt gut auf …

Diese Woche ist eine besondere Woche in Aquatika, denn es findet das alljährliche Fest zu Ehren König Poseidons statt. Hierfür haben die Bewohner Aquatikas schon seit Monaten viele Dinge vorbereitet und organisiert. Das Fest dauert fünf Tage und jeden Tag gibt es ein anderes Programm. So etwa ein Konzert der königlichen Hofphilharmonie, bei dem die bunten Karpfen ihre schönsten Melodien spielen. Auch das Hoftheater gibt eine Vorstellung und jeden Tag gibt es reichlich köstliches Essen. Schon morgens duftet es in Aquatika nach Zuckerwatte, Seetangbrötchen und Algenomlett.

Der wichtigste Tag ist jedoch der letzte, denn an dem Tag findet eine große Festtagsaufführung statt, die nur König Poseidon gewidmet ist. Und das großartige an der Aufführung ist, dass sie in der gläsernen Unterwasserfesthalle bei den Delphinen stattfindet.

An dem Morgen der Festtagsaufführung ist Ariella schon ganz aufgeregt. Sie gehört zum königlichen Meerjungfrauenballett und ist für die Organisation und einen reibungslosen Ablauf der Aufführung zuständig.

Der Höhepunkt der Aufführung ist die große Muschel mit der weißen, glitzernden Perle darin, die aus dem Boden hervorkommt und sich majestätisch öffnet. Die Muschel mit der Perle ist ein Teil des Königsschatzes und wird sogar von speziellen Zackenbarschwächtern bewacht.

Doch als Ariella die Muschel mit der Perle aus der Schatzkammer holen will, bricht sie in Panik aus. Der Platz, wo sie eigentlich stehen sollte, ist leer.

Sie sucht die ganze Schatzkammer ab, aber die Muschel ist nicht auffindbar. Irgendjemand muss sie gestohlen haben. Und ohne die Muschel kann die Aufführung für König Poseidon nicht stattfinden.

„Was für eine Katastrophe", murmelt die kleine Meerjungfrau vor sich hin und schwimmt aus der Schatzkammer raus zu den anderen Ballett-Meerjungfrauen.

Als sie diesen von der verschwundenen Muschel berichtet, sind sich alle einig: König Poseidon darf nichts davon erfahren, das würde nur die Festwoche und vor allem den wichtigsten Tag und die Aufführung zerstören.

König Poseidon würde sicher zornig werden und sämtliche Festaktivitäten absagen oder einen wilden Meeressturm heraufbeschwören.

Die Meerjungfrauen beschließen, sich selbst um die Angelegenheit zu kümmern.
Leider bleibt nicht mehr viel Zeit, denn schon am Abend soll die Aufführung stattfinden.

Es muss also schnell ein Plan her.

Dann hat Mira, die Meerjungfrau mit den blauen Haaren und der grünen Schwanzflosse, eine Idee. „Könnt ihr euch an die Zauberharfe erinnern, die Kubu verwendet hat, als seine Schwester verschwunden ist?

Sie hat seine Schwester mit ihren magischen Klängen wieder hergezaubert. Vielleicht funktioniert das ja auch mit der Muschel?", schlägt sie vor.

„Das ist eine gute Idee. An die Zauberharfe habe ich gar nicht mehr gedacht", sagt Ariella.

Ihr müsst wissen, die Zauberharfe gehört ebenfalls zum Schatz des Poseidons und man sagt ihr nach, dass sie magische Fähigkeiten hat. Wenn man auf ihr spielt und sich gleichzeitig etwas wünscht, dann soll der Wunsch in Erfüllung gehen.

Mira und Ariella schwimmen zurück in die Schatzkammer. Die Harfe wird in einem großen Glasschrank aufbewahrt, damit sie nicht beschädigt wird. Vorsichtig nehmen die zwei sie heraus und Ariella beginnt, darauf zu spielen. Während die süßen Klänge der Harfe durch die Schatzkammer klingen, sagt sie: „Zeig mir, wo die Muschel mit der Perle ist, liebe Harfe."

Doch die Muschel bleibt verschwunden.

Scheinbar hat die Harfe doch keine Zauberkräfte. Gerade, als die beiden Meerjungfrauen die Harfe zurück in den Schrank stellen wollen, entdecken sie auf ihrem Boden eine eingravierte Beschriftung: „Nur, wenn die richtigen Noten erklingen, wird die Harfe deinen Wunsch dir bringen" steht dort geschrieben.

„O nein", sagt Mira. „Nur, wenn wir ein bestimmtes Lied auf der Harfe spielen, wird unser Wunsch erfüllt."

Ariella wird traurig. „Aber woher sollen wir wissen, welches Lied, das ist?"

Dafür gibt es nur eine Lösung: Die beiden müssen Kubu finden. Bei ihm hat es schließlich schon mal funktioniert.

Doch da ist schon das nächste Problem: Kubu ist ein Tiefseehai, der auf der anderen Seite des dunklen Sees wohnt. Um ihn zu finden, müssen sie diesen See überqueren. Der dunkle See ist aber kein richtiger See.

Es ist ein großes, tiefes Loch im Meeresgrund und niemand weiß, was dort unten lauert. Von oben sieht das Loch aus wie ein dunkler See und hat daher seinen Namen.

Es ist nicht ungefährlich, dieses Loch zu überqueren, denn man sagt, wenn man sich in der Mitte befindet, ist der Sog so groß, dass man nach unten gezogen wird.

Doch auch wenn die beiden sich fürchten, es gibt keine andere Lösung. Also machen sie sich auf den Weg zu Kubu, dem Tiefseehai. Und sie müssen sich beeilen, denn sie haben nicht mehr viel Zeit bis zur Aufführung am Abend.

Schon von Weitem sehen sie den dunklen See. Bedrohlich und schwarz verschluckt er das leuchtende Blau des Meeres und die Sonnenstrahlen, die hindurchleuchten.

„Sollen wir das wirklich tun, Ariella?", fragt Mira zögernd.

„Wir haben keine andere Wahl, wenn die Aufführung heute Abend stattfinden soll", sagt Ariella mit ernster Stimme. „Und Poseidon darf davon nichts erfahren. Los, gib mir deine Hand. Wir schwimmen so schnell wir können über das Loch. Du darfst mich auf keinen Fall loslassen, egal was geschieht."

Die beiden nehmen sich fest an der Hand und schwimmen los. So schnell sie ihre Flossen tragen, überqueren sie den dunklen See. Als sie in der Mitte sind, passiert tatsächlich das, wovor sie so große Angst hatten. Ein mächtiger Sog zieht die beiden in die Tiefe.

Der ist so stark, dass sie nichts dagegen tun können. Immer tiefer zieht der Sog die zwei nach unten in die Dunkelheit. Dann wird es still. Es hat aufgehört, aber Ariella und Mira können nichts um sich herum erkennen außer aufgewirbeltem Sand. Als der Sand sich legt, trauen die beiden Meerjungfrauen ihren Augen nicht. Hier unten ist es alles andere als düster und gefährlich. Sie sind in einer Art Höhle mit viele Löchern und durch die Löcher scheinen die warmen Strahlen der Sonne.

Überall sind kleine Fische in allen Farben und aus den Steinen wachsen wunderschöne Wasserpflanzen. Die Wände der Höhle glitzern wie Diamanten und alles ist friedlich und ruhig. So etwas Schönes haben sie noch nie gesehen.

Vor lauter Staunen vergessen die beiden, was sie eigentlich zu tun haben, nämlich nach Kubu, dem Tiefseehai, suchen.

„Komm, wir müssen weiter, Mira", fordert Ariella ihre Freundin auf und gemeinsam verschwinden sie in einem Gang, der aus der Höhle hinausführt. Am anderen Ende sind sie endlich am Ziel: Sie haben die Tiefseewelt erreicht. Nach kurzer Zeit finden sie auch Kubu. Sie erzählen ihm von der verschwundenen Muschel und der anstehenden Aufführung am Abend und davon, dass die Harfe ohne die richtige Melodie nicht funktioniert.

Kubu gibt ihnen ein kleines Kästchen. „Öffnet es erst, wenn ihr die Harfe vor euch habt", weist er mit strenger Miene an. „Und nehmt das, um über dem dunklen See nicht wieder nach unten gezogen zu werden." Mit diesen Worten reicht Kubu den beiden Meerjungfrauen eine Art Pulver. „Streut es in den Sog, sobald ihr ihn spürt", erklärt er.

Die beiden Meerjungfrauen bedanken sich, nehmen das Kästchen und das Pulver und schwimmen zurück. Über dem dunklen See befolgen sie Kubus Anweisung und tatsächlich schafft es der Sog nicht, die beiden wieder nach unten zu ziehen.

Als sie zurück in der Schatzkammer sind, holen sie die Harfe wieder aus dem Schrank und stellen sie vor sich auf den Boden. Dann öffnen sie das kleine Kästchen, das ihnen Kubu mitgegeben hatte. Sie sehen, dass es eine Art Spieluhr ist, aus der eine wunderschöne Melodie erklingt. Die Melodie erweckt die Zauberkraft der magischen Harfe. Diese stimmt in die Klänge der Spieluhr ein und durch die Schatzkammer erklingen die schönsten Töne. Und während die Harfe spielt, sagt Ariella erneut: „Zeig mir, wo die Muschel mit der Perle ist, liebe Harfe."

Und tatsächlich, diesmal scheint es zu funktionieren. Aus der Harfe strahlt ein helles Licht und zeigt auf einen großen Haufen Gold.

„Was soll denn das bedeuten? Das ist doch keine Muschel, das ist nur ein Haufen Goldmünzen", sagt Mira ratlos.

„Das würde ich so nicht sagen", meint Ariella und geht mit einer Schaufel zu dem glitzernden Haufen. Sie gräbt Schritt für Schritt die Goldmünzen beiseite und entdeckt irgendwann die Muschel mit der Perle unter dem Haufen. Wie das Muscheln eben so tun, hatte sich auch diese zum Schlafen unter dem Haufen eingegraben. Die Harfe hat den beiden Meerjungfrauen mit ihrem magischen Licht den Weg gezeigt. Ohne Kubu und die Harfe hätten sie die Muschel wahrscheinlich niemals gefunden.

Jetzt müssen sich die beiden aber beeilen. Sie packen die Muschel auf einen Wagen und schieben sie in den großen gläsernen Festsaal, gerade noch rechtzeitig, bevor die Aufführung beginnt.

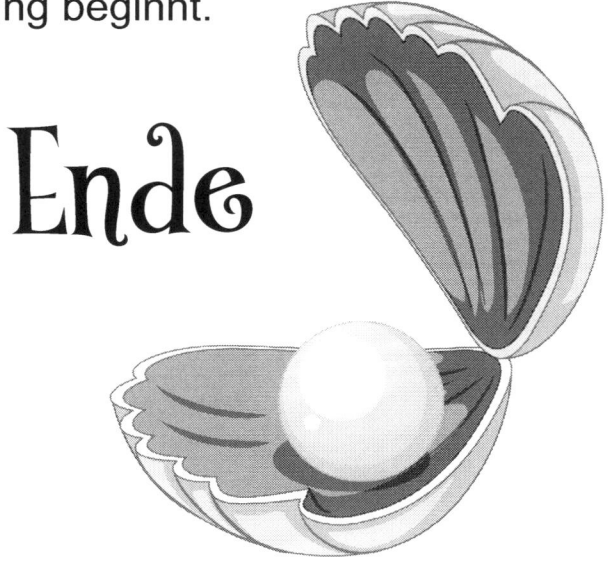

Ende

Haftungsausschluss

Die Verwendung der Informationen in diesem Buch und die Umsetzung derselben erfolgt ausdrücklich auf eigenes Risiko. Der Autor kann für etwaige Unfälle und Schäden jeder Art keinerlei Rechtsgrund die Haftung übernehmen. Haftungsansprüche gegen den Autor für Schäden jeglicher Art, die durch die Nutzung der Informationen in diesem Buch bzw. durch die Nutzung fehlerhafter und/oder unvollständiger Informationen verursacht wurden, sind ausgeschlossen. Folglich sind auch Rechts- und Schadenersatzansprüche ausgeschlossen. Der Inhalt dieses Werkes wurde mit größter Sorgfalt erstellt und überprüft. Der Autor übernimmt keine Gewähr und Haftung für die Aktualität, Korrektheit, Vollständigkeit und Qualität der bereitgestellten Informationen. Druckfehler können nicht vollständig ausgeschlossen werden. Weiterhin beruht der Inhalt dieses Werkes auf persönlichen Erfahrungen und Meinungen des Autors.

Impressum

Autorin Miriam Sander

2024

Alle Rechte vorbehalten.

Nachdruck, auch auszugsweise, verboten.

Kein Teil dieses Werkes darf ohne schriftlich Genehmigung des Autors in irgendeiner Form reproduziert, vervielfältigt oder verbreitet werden.

Kontakt: S & L Breunung, Bockemühlstraße 7, 01279 Dresden Saxony/ Germany

Covergestaltung und Buchsatz: Daniela Brenner / deincoverdesign.de

Lektorat und Korrektorat: Sandra Andrés

Coverfoto und Innenbilder: adobe stock

Printed in Poland
by Amazon Fulfillment
Poland Sp. z o.o., Wrocław
18 October 2024

e2448ca6-05d2-409f-8f46-4abbcbaadce4R01